KB082148

1달러의
세계 경제 여행

달러의 흐름으로 보는 세계 경제의 작동원리

1달러의
세계 경제 여행

다르시니 데이비드 **지음** | 박선령 **옮김**

THE ALMIGHTY DOLLAR

센시오

스마트한 당신이
쳇바퀴 인생을 벗어나려면

'우리는 조부모 세대보다 훨씬 더 많은 옷을 살 수 있지만, 그 옷을 보관할 집을 소유할 가능성은 왜 더 낮은가?'

'휘발유 값이 올라갈 때는 금세 올라가고, 내려갈 때는 왜 천천히 내려갈까?'

왜 '1달러의 세계 경제 여행'일까? 위의 질문에 대한 답이 바로, 돈 즉 달러의 흐름 속에 있기 때문이다. 달러가 전 세계를 흘러가면서 벌이는 수많은 사건들이 바로 당신 삶에 이르러 그러한 변화를 만들어내기 때문이다.

옷장을 열어보라. 지금 당신이 가진 옷가지나 소품들은 당신의 조부모들이라면 상상도 못했을 정도로 화려하고 다채롭다. 물론 더 질이 좋은가는 논외다.

그런데 당신이 집을 갖게 될 확률은 조부모들보다 높다고 할 수 있을까? 당신의 자녀들은 어떨까? 그리고 왜 그런 걸까?

요즘 같은 세상에서는 하루하루 주어진 환경에 맞춰 맡겨진 일을 열심히 해내는 것만으로는 잘 살기 힘들다. 똑똑한 당신이라면 잘 살기 위해 무엇이 필요한지 알 것이다. 그렇다. 경제 지능. 돈과 권력과 정책과 글로벌한 이슈들의 흐름을 꿰지 못하면 '성실함'만으로 원하는 목표를 이루기 힘들다. 게다가 우리가 나이 먹을수록 세상이 어떻게 변할지 상상조차 되지 않는 격변의 시기에는 더욱 그렇다.

모든 것의 이면에는 '경제'가 있다. 몇 차례의 금융 위기를 겪으면서 한층 더 험악한 세상이 되었다. 누군가 나쁜 의도를 갖고 그렇게 만들지 않아도, 우연과 필연의 운 나쁜 조합만으로 평범한 누군가에게 엄청난 불행이 닥칠 수 있다. 더군다나 믿음직한 기상 예보관처럼 보였던 전문가라는 사람들조차 믿기 힘든 시대가 아닌가.

아쉽게도 경제학은 우리와 아주 동떨어진, 고리타분하고 음울한 학문처럼 보인다. 그래서 접근이 쉽지 않다. 숫자와 어려운 전문용어가 난무하는 경제 기사를 읽노라면 혼이 빠져나갈 지경이다. 하지만 그런 이유로 관심을 끊으면 안 된다. 경제 정책은 대단한 공부를 한, 의사결정 과정에서 중요한 키를 쥔, 엄청난 사람들만의 전유물이 아니다.

내 이익을 뺏어가고 내 미래의 호주머니에 영향을 미치는 중요한 이슈쯤은 알고 분석하고 대처할 수 있어야 한다. 그래야 넋을 놓고 있다가 허를 찔리는 일을 당하지 않는다.

여기 두 사람을 소개하고 싶다. 미래의 당신 모습일 수도 있으니, 잘 한 번 들어주길 바란다.

처음 소개할 사람은 영국에 사는 데니스 씨다.

머리칼이 희끗희끗하고 유창한 영국식 악센트에 말주변이 좋은 그는 은행원 출신이다. 마지막 직장은 지방 소도시의 작은 은행으로, 거기서 10년을 일하고 2007년 퇴직했다. 그는 퇴직 전에 자기가 다니던 은행 주식을 직원 우대 가격에 대거 매입했다. 큰 부침 없이 안정적으로 운영되는 은행이라 퇴직 후에 큰 보탬이 되리라 믿었던 것이다.

퇴직 후 얼마지 않아 주가가 떨어지기 시작했지만 크게 걱정하진 않았다. 다시 회복되리라 믿었기 때문이다. 그러던 어느 날 청천벽력 같은 소식을 들었다. 은행이 파산했다는 것이다. '내 돈 내놓아라!' 아우성치는 고객들 틈에 끼어, 매일같이 지점을 찾아가고 전화를 걸고 여기저기 따라 다니며 정부 대책을 요구했다.

천신만고 끝에 은행을 국가에서 인수하기로 결정했다. 저축이 있던 고객들은 일부 금액을 변제 받았다. 하지만 데니스의 주식은 그냥 휴지조각이 됐다. 무려 11만 파운드(1억 7천만 원)나 되는 금액이었다. 은행이 망한 건, 그 썩을 놈의 미국 발 금융 위기. 서브프라임 모기지 때문이라고 한다.

두 번째 소개할 사람은 중국 베이징에 사는 왕 씨다.

1954년 쓰촨 태생인 그는 주어진 운명 따위는 거부하는 삶을 살아왔다. 또래들이 협동농장이나 군대에서 일할 때 종자돈을 만들어 모험을 시작했다. 지금 그는 부동산 거물이다. 세계 최대의 영화관 체인을 사들이고, 피카소 그림을 수집하는 등 손을 뻗지 않는 영역이 거의 없다. 거액을 주고 스페인 축구팀도 인수했다. 1천 유로(130만 원)를 내고 시즌권을 사면 내키는 대로 경기를 볼 수 있는데도, 굳이 그렇게 한 것이다. 그가 성공을 이룬 것은 지난 30년간 세계 경제의 급격한 파도에 잘 올라탄 덕택이다. 그는 중국의 산업 발전에 따라 상업용 부동산이 활발히 개발될 것을 예견하고 이 영역에 일찌감치 진출했다.

두 사람의 얘기는 전혀 맥락이 닿지 않는 동떨어진 것으로 들릴 수 있다. 어디까지나 개인적 운의 차원에서 생겨난 개별 사건이라고 말이다.

그러나 이 둘의 얘기는 아주 긴밀하게 연결되어 있다. 어떤 면에서는 예측 가능하기까지 하다. 우리가 긴밀히 연결된 세계 경제의 흐름을 파악하고 있어야 하는 이유다. 그렇게 하면 왕 씨처럼 최고의 부자가 될 수 있다고 장담할 순 없지만, 최소한 데니스 씨처럼 평생 모은 부를 한순간에 날릴 위험은 피할 수 있다.

은행 창구 직원이 수익성 좋고 절대 망할 리 없는 상품이라고 권할 때 덥석 살 것인가? 모두가 지금은 부동산을 사야 할 때라고, 금리조건이 좋은데 왜 마다하냐고 할 때, 그 흐름에 냉큼 올라탈 것인가? 하다못해 3개월 뒤에 떠날 유럽 여행에 앞서 환전은 언제쯤 해두는 게 유리할까?

세계 경제라고 해서 경제학 수업 시간에 배운 무역, 국제간 거래, 계약 같은 딱딱한 것만 떠올리면 오산이다. 데니스 씨와 왕 씨, 그리고 우리가 앞으로 만나게 될 세계 곳곳에서 살아가는 많은 이들의 일상이 세계 경제의 흐름 안에 있다. 흐름을 잘 읽으면 순풍에 올라탈 수 있게 될 것이고, 흐름을 모르고 엉뚱하게 행동하면 뒤통수를 맞을 것이다.

그것을 통제할 수 있든 통제할 수 없든 간에, 세계 경제라는 녀석이 어떻게 작동하고 우리 삶에 어떤 영향을 미치는지 정도는 알아야 한다.

우리가 굳이 달러의 뒤를 밟아, 이 여행을 시작하는 데는 이유가 있다.

달러는 어디에나 있고 어디에든 영향을 미친다. 탈러thaler 혹은 달러daler는 16세기 보헤미아에서 처음 사용된 은화를 가리키는 말이었다. 영어 달러dollar로 변형된 이름은 셰익스피어의 소설 《맥베스》에도 등장한다. 달러는 스페인 정복자들과 함께 대안화폐로 신대륙에 진출했고, 멕시코 광산에서 채굴한 은으로 만든 주화 형태로 유통되었다. 그리고 마침내 독립한 미국인들은 1792년 영국 파운드 대신 달러를 미국의 공식 통화로 채택한다.

　글로벌화 속도가 빨라지면서 달러는 점점 영향력이 커졌다. 외화로 이루어지는 모든 거래의 87퍼센트가 달러로 진행된다. 심지어 유통 중인 달러의 절반은 미국 바깥에 있다. 2008년 미국 발 금융 위기로 달러가 크게 위축되리라 예상하는 이들도 많았지만, 현실은 그렇지 않았다. 중국이 엄청나게 성장해 미국을 위협하고 있지만, 여전히 달러의 명성은 유효하다. 달러, 즉 세계의 국경을 넘나드는 돈의 흐름은 경제의 현상과 전망을 보여주는 바로미터다. 돈은 시스템을 계속 가동시키는 윤활제이자 우리를 하나로 묶는 접착제이기도 하다.

　이제 우리는 달러의 뒤를 따라 전 세계를 여행하면서, 그 힘을 이해하게 될 것이다. 달러가 유로, 루피, 파운드 등 여러 통화로 바뀌는 동안, 세계 경제의 모든 측면을 구성하는 '거래의 본질'이 무엇인지 꿰뚫게 될 것이다. 이를 통해 우리 세계가 어떻게 돌아가는지, 누가 권력을 쥐고 있으며 그것이 우리에게 어떤 영향을 미치는지 배우게 될 것이다.

　첫 여정은 텍사스 교외에서 시작된다. 누군가가 월마트에서 쇼핑을 하고 있다. 그리고 라디오 한 대를 충동 구매한다. 라디오가 만들어진 중국으로 건너간 1달러는 바야흐로 복잡한 연쇄 반응을 시작한다. 우리는 1달러를 따라 많은 외화를 벌어들인 나라가 돈을 숨겨두는 곳, 신흥국이 쌀 한 줌을 얻기 위해 찾아가는 곳, 오늘날 돈과 탐욕의 원천이 되는 곳, 숨겨진 파워게임이 이루어지는 곳들을 차례차례 방문할 것이다. 그중 대부분은 당신이 익히 아는 유명 관광지와는 거리가 먼 곳들이다. 이번 기회가 아니라면 여행할 이유가 없는 곳들이기도 하다.

이 책에 등장하는 인물과 거래는 모두 지어낸 것들이다. 하지만 그들의 이야기는 실제 취재를 거쳐 수집한, 있을 법한 현실 속에서 추출해낸 것이다. 실제 세계 수십억이 지금 현재도 일상적으로 겪는 일들을 담았다.

우리는 달러와 함께 하는 이 여행을 통해서 세계 경제가 실제로 어떻게 움직이는지, 그리고 그것이 우리의 운명과 어떻게 연결되어 있는지 밝혀볼 것이다. 이 여행은 세계 경제를 움직이는 돈과 권력의 흐름에 관한 이야기를 담고 있지만, 더 근본적으로는 우리 자신에 관한 이야기이기도 하다.

"우리는 달러의 뒤를 따라
전 세계를 여행하면서,
그 힘을 이해하게 될 것이다.
이를 통해 우리 세계가 어떻게 돌아가는지,
누가 권력을 쥐고 있으며
그것이 우리에게 어떤 영향을 미치는지
배우게 될 것이다."

목차

CONTENTS

USA

①

⑨

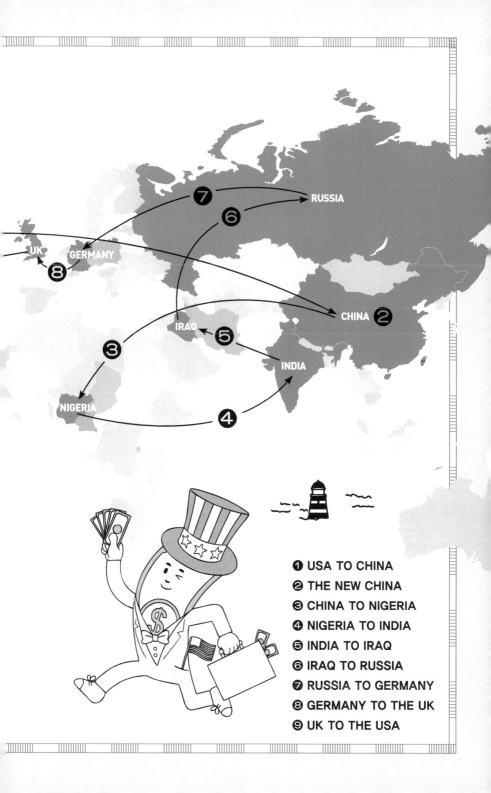

RUSSIA

⑦

⑥

UK

GERMANY

⑧

CHINA ②

IRAQ ⑤

③

INDIA

NIGERIA

④

❶ USA TO CHINA
❷ THE NEW CHINA
❸ CHINA TO NIGERIA
❹ NIGERIA TO INDIA
❺ INDIA TO IRAQ
❻ IRAQ TO RUSSIA
❼ RUSSIA TO GERMANY
❽ GERMANY TO THE UK
❾ UK TO THE USA

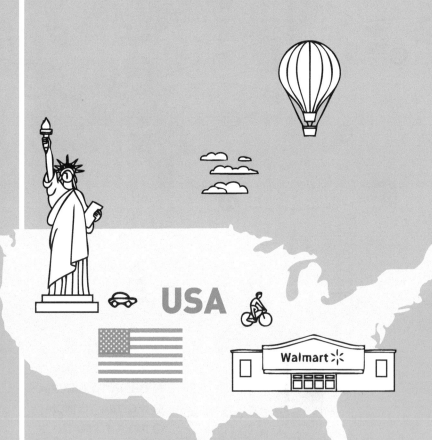

미국 텍사스에서 출발한 1달러

미국 경제가 펑펑 돈을 쓰는 마법의 주문

THE ALMIGHTY DOLLAR

Worshipping low prices
USA to China

1달러로 뭘 살 수 있을까? 여기, 로렌 밀러Lauren Miller의 장바구니를 한 번 들여다보자. 기저귀, 빵, 우유, 주스, 사과, 닭고기……, 금주의 필수품들이 계산대에 오른다. 교외 주택단지에 사는 이들의 흔한 쇼핑 리스트다. 그런데 오늘은 덤이 있다. 작고 귀여운 신상 라디오 하나.

매장 직원이 물건을 스캔하고 봉투에 담는 동안, 로렌은 가방에서 현금을 꺼낸다. 지구상 어디서나 통한다는 전지전능한 화폐, 달러다. 로렌은 주1회 쇼핑을 하는데, 월급 오를 기미는 없지만 이렇게 작은 사치를 부리는 게 쏠쏠한 행복이다.

'부엌 싱크대에 올려두면 딱이겠어!' 싼값에 예쁜 물건을 사서, 내심 흐뭇하다.

당신이 매일 사들이는 예쁘고 쓸모없는 물건들

월마트의 익숙한 길목과 통로마다, 할인과 혜택으로 손짓하는 유혹이 즐비하다. 카트를 이리저리 당기며 옥신각신하는 가족들, 외로운 1인 사냥꾼 등 쇼핑객들 사이에 휘도는 강렬한 소비충동을 뒤로 하고, 로렌은 주차장으로 몸을 돌린다.

매주 1억의 미국인들이 이렇듯 '소비의 대성당'으로 순례 여행을 떠난다. 그렇다면 그들이 장바구니에 가장 많이 집어넣는 품목은 무엇일까? 겸손하게도 바나나다. 고를 게 별로 없어서일까? 절대 그렇지 않다.

가까운 월마트 슈퍼센터에만 최대 14만 2천 품목의 상품이 널려 있다. 다 둘러보는 데만도 꽤 시간이 걸린다. 미국 전역에 3,504개 월마트 지점이 있으니, 집집마다 차로 15분 거리에 하나씩은 있는 셈이다.

미국 최대의 월마트는 뉴욕 주 올버니에 있는데, 2,230제곱미터로 축구장 4개를 합친 크기다. 트레이드마크인 손님맞이 직원을 통과하면, 천정까지 닿는 선반마다 식료품, 장난감, 전자제품, 공구, 옷, 자동차용품 등이 즐비하게 늘어서 있다.

창고형 원스톱 할인점 월마트엔 통로마다 가득한 '매일 최저가' 보증 상품들이 눈과 마음을 사로잡는다. 불과 몇 달러에도 만족감과 안락함을 안겨줄, 거부할 수 없는 상품의 마력을 완성하는 것은 바로 '가격표'다.

월마트에게도 고객에게도, 제일 중요한 건 가격이다. 월마트 고객의 평균 가계소득은 미국 일반보다 약간 낮다. 쇼핑객 20퍼센트는 나라에서 지급 받는 푸드 스탬프로 지불하는 저소득층이다. 평균적으로 매장 방문객 중 여성이 남성보다 3배가량 많은데, 저렴한 가격 덕택에 적은 돈으로도 더 많은 걸 살 수 있기 때문이다.

싼값으로 이룬 아메리칸 드림이라 할까? 월마트로선 최저가야말로 큰 돈벌이다. 미국 전역의 월마트 금전등록기에 매일 약 10억 달러(1.2조 원)가 들어온다. 미국 외 글로벌 지점 수입은 하루 2.5억 달러다. 2016년 월마트는 세계 시장 합산 4,810억 달러(570조 원)의 매출을 올렸다. 24시간 영업한다고 가정하면, 1분에 90만 달러(10억 원)씩 번 셈이다. 아무리 싼 물건이어도, 거의 모든 곳에서, 모든 사람들에게, 상상할 수 있는 모든 걸 팔다 보면 큰 이익으로 돌아온다. 누구라도 먹어야 사니까 말이다.

이 '최저가+무한공급'의 사원에서 매주 쇼핑을 하다보면, 몇 가지 여분의 상품을 슬쩍 카트에 집어넣기란 아주 쉽다. 2달러짜리 귀여운 목욕용 고무오리, 6달러짜리 헤드폰, 20달러도 안 되는 라디오는 어떨까? 그리고 이런 구매야말로 월마트 수익에 일조한다.

그런데 흥미로운 게 하나 있다. 이렇게 지불한 달러는 월마트의 금고로도, 그 주주들에게로도 돌아가지 않는다는 점이다. 로렌이 산 라디오는 고작 몇 킬로미터만 가면 새 집에 도착하겠지만, 로렌이 낸 달러는 지구 반대편의 공장이 있는 곳까지 수천 킬로미터를 더 가야만 한다.

달러가 흘러가면 부, 직업, 권력이 이동한다!

'매일 최저가, 언제나!'

이 슬로건 하에 샘 월튼Sam Walton은 1962년 아칸소에서 '산처럼 물건을 쌓아놓고 싸게 파는' 월마트 제국을 세웠다.

1달러어치 팔면, 월마트의 수익은 3센트(3퍼센트)가량 된다. 경영에 밝은 사람이라면, 이 정도 수익률은 말도 안 되게 적은 것임을 잘 안다. 그러니 그들로선 언제나 '비용 절감'이 큰 화두다. 창업자인 샘 월튼이 바로 그 '자린고비 정신'의 대명사이기도 하다. 그는 큰 성공을 거둔 뒤에도 낡은 픽업트럭을 몰고 다니고, 출장 때는 싸구려 호텔방에서 직원들과 합숙하는 것으로 유명하다.

그는 스스로의 검약한 삶을 통해, 소비자들의 동기를 명확히 파악해낼 수 있었다고 고백한다.

'사람들은 꼭 필요해서가 아니라, 태생적으로 싼 물건을 찾아 다닌다!'

인간 본성에 관한 탁월한 이 고찰은 반세기가 지난 지금도 수많은 추종자들을 월마트 매장으로 이끄는 힘인 셈이다.

샘 월튼은 단언한다.

"미국산 제품 대부분은 가격이나 품질 면에서, 혹은 둘 다에서 경쟁력이 없다!"

극단적인 자본주의자이자 신실한 개신교도인 그가 불경스럽기 짝이 없는 중화인민공화국과 일찌감치 긴밀히 협력해온 바탕에는 바로 그런 믿음이 있다. 로렌이 산 신상 라디오 생산 공장도 중국에 있을 공산이 크다. 일찍이 2004년에 월마트는 180억 달러 상당의 상품을 중국에서 가져온다는 사실을 공개했다. 2002년 글로벌 소싱 본부를 중국 선전으로 이전한 지 2년 만에, 무려 40퍼센트나 급증한 수치다.

2004년 이후로 월마트는 생산지 중국에 대해 언급한 바가 별로 없다. 하지만 선적용 컨테이너 수량이나 여타 자료를 검토했을 때, 이후 10여 년 사이 중국산 상품에 대한 월마트의 지출액은 거의 3배 늘어서 연간 약 500억 달러(60조 원)에 이르는 것으로 추산된다.

로렌이 산 값싼 신상 라디오는 미국 해안과 매장 진열대를 연결하는 무한한 물자의 바다에 떨어진 아주 작은 물방울 하나에 불과하다. 중국의 동쪽 해안지대를 따라 수없이 많은 공장들이 생겨났다. 1만 5천 개의 컨테이너를 싣고 단 5일이면 태평양을 건널 수 있는 선박들도 건조됐다. 이 모든 것이 월마트 고객의 마르지 않는 욕구를 충족시키기 위함이다.

중국은 약 2만여 개 공급업체를 통해 소매업체 월마트 하나에만 독일이나 영국 전체에 파는 양만큼의 상품을 판매한다. 그러니 월마트 계산대에서 장난감이나 소형가전이나 티셔츠에 1달러를 지출할 때마다, 그 중 상당액이 중국 제조업체 금고로 흘러들어간다고 봐야 한다.

월마트의 대對 중국 거래액은 미국이 중국산 제품에 지출하는 총액의 10퍼센트를 넘게 차지한다. 로렌은 자신의 월급 중 일부인 달러를 지불함으로써, 싸구려 전자제품과 교환하는 글로벌 계약을 체결한 셈이다. 2015년 한해에만 4,830억 달러(566조 원) 상당의 상품이 중국에서 미국으로 흘러들어갔지만, 고작 1,160억 달러(136조 원)어치만 반대로 들어갔다. 최근 들어 엎치락뒤치락하긴 했지만, 3,670억 달러(430조 원)에 달하는 이러한 무역수지 적자는 역대 최대로, 월마트의 구매 습관이 여기에 일조했다고 하겠다.

로렌은 월마트에서 1달러를 소비하는 수백만 미국인들의 단조로운 일상을 되풀이할 뿐이다. 하지만 이 단돈 1달러는 어마어마한 글로벌 스토리의 일부가 된다. 지구상에서 가장 많은 물자를 소비하는 국가인 미국이라는 거대한 기계를 돌리는 톱니바퀴 그 이상이다. 우리 시대 정치·경제의 일부가 된 세계 무역의 폭발적인 성장과 관련되어 있으며, 부wealth뿐만 아니라 직업, 복지, 권력의 중심까지도 이동시키는 힘이다.

제조업이 밀려죽으면, 그 자리엔 뭐가 날까?

한 연구에 의하면, 월마트가 10여 년 이상 중국산 제품을 수입하는 바람에 미국 제조업 일자리 약 40만 개가 감소했다. 월마트는 항변한다. 중국과의 교역으로 인해 유통이나 물류 관련 일자리가 늘었고, 소비자들이 쇼핑에서 아낀 돈으로 외식을 하거나 영화를 보기도 하므로 제조업 외의 다른 일자리 창출에 기여했다고 말이다. 하지만 그런 일자리는 안정성 면에서나 급여수준 면에서나 제조업과는 다르다.

서구 선진국의 고용 패턴 변화가 정책입안자들 입장에선 골칫거리고, 노동자와 기업 모두에게 큰 고통을 안겨준다는 것은 부인할 수 없는 사실이다. 원활한 교역은 소비자에겐 달콤할지 몰라도, 노동자나 사업주에겐 달갑지 않은 일이다. 어떤 이들에겐 밥줄이 끊기는 일이니 말이다.

1985년, 샘 월튼은 '바이 아메리칸Buy American' 캠페인을 주요 일간지 전면광고로 게재했다. 한해 전 아칸소 상원의원 빌 클린턴의 요청으로, 아시아 의류 생산기지 중 일부를 아칸소로 재이전하기로 한 정책의 일환이었다. 일자리를 잃은 자사 핵심 고객에게 호소하기 위한 고육지책인 셈이다. 하지만 생산기지가 중국으로 옮겨가는 대세 자체를 막을 순 없었다.

1990년대 초부터 시작된 제조업 이탈 러시로, 미국에서 450만 개 이상의 일자리가 사라졌다. 산업 중심지로 꼽혔던 뉴욕, 펜

실베이니아, 오하이오, 미시간, 북부 인디애나, 일리노이, 위스콘신 주州를 잇는 제조업의 본산, 즉 소위 '러스트 벨트Rust Belt'가 직격탄을 맞았다. 이곳 공장들은 더 저렴한 가격을 내세운 해외 생산기지와의 경쟁에 백기를 들고 소리도 없이 사라져갔다.

미시간 주 플린트Flint 하면, 자동차회사 제너럴모터스GM와 영화감독 마이클 무어Michael Moore로 유명하다. 흥미롭게도 마이클 무어는 다큐멘터리 〈로저와 나〉에서 GM 생산기지의 해외 이전으로 인한 비극을 다룬다. 전성기 플린트에서는 무려 8만 명이 GM에서 일했다. 그러나 지금은 멕시코를 비롯한 해외로 공장이 이전되고, 고용인 수는 5천 명으로 급감했다. 도시 인구도 절반인 10만으로 줄었다. 그들 중 40퍼센트는 극빈층이며, 수질 오염 사건이 불거지기 훨씬 전부터 집값은 평균 2만 달러 밑으로 떨어진 상태다.

플린트는 지역주민과 그 지역을 대표하는 정치인 모두에게 엄청난 재앙을 상징하는 대표적인 도시다. 노쇠한 지역 업체들이 동양의 젊고 민첩한 경쟁자들과 대적할 수 있도록 지원해야 한다는 압력이 거세다.

아이러니하게도 초기 미국 제조업이 번성할 수 있었던 것은 바로 그러한 육성 정책 덕분이었다. 1816년부터 1945년 사이, 미국은 자국으로 수입되는 모든 외국 상품에 대해 세계 어느 나라보다 높은 관세를 부과했다. 이러한 장벽 덕택에 신생이었던 미국 산업이 경쟁에 위축되지 않고 번성했고, 이것이 바로 미국이 글로벌 리더로 부상하게 된 힘이었다.

애덤 스미스 가라사대, 분업과 비교우위!

그렇다면 미국 같은 거대한 나라가 왜, 모든 제품을 자국에서 만들지 않는 걸까? 모두가 미국산 제품만 구입하면 될 것이고, 그편이 애국심을 고취시키고 정치적으로도 유리할 텐데 말이다.

흥미롭게도 샘 월튼은 먼 나라에서 수입한 상품으로 매장 진열대를 채움으로써, 외국에서 들여온 산업의 기풍을 오롯이 지켜내려 애쓰는 셈이다. 18세기 경제학자 애덤 스미스와 데이비드 리카도가 영국에서 만들어낸 그 기풍 말이다.

애덤 스미스Adam Smith는 하찮은 핀 하나가 만들어지는 과정을 18개 프로세스로 나누어 고찰함으로써 명성을 날리기 시작했다. 만약 단 한 명의 일꾼이 처음부터 끝까지 18개 프로세스를 도맡으면, 만들 수 있는 제품의 수량은 극히 적을 것이다. 하지만 각 프로세스를 숙련된 전문가에게 맡기면, 효율이 높아진다. 결과적으로 더 많은 핀을 만들어, 더 많은 돈을 벌 수 있다. 해당 지역에서 필요한 양보다 더 많이 만들면, 다른 지역에서 생산되는 다른 물자와 교환할 수 있다. 이렇게 탄생한 것이 바로 '분업화 specialization 이론'이다.

그렇다면 분업화 이론으로 한 국가가 '무엇을' 자국의 강점으

로 선택하고, 다른 '무엇을' 교역 대상으로 선택하는지를 설명해
낼 수 있을까?

이 대목에서 바통을 이어받는 인물이 바로, 애덤 스미스의 추
종자인 데이비드 리카도David Ricardo다. 외국에서 더 싸게 사
올 수 있는 제품이 있다면, 그것은 직접 생산하지 않는 편이 낫
다. 제일 잘 만들 수 있는, 이른바 '절대우위absolute advantage'
제품에 집중해야 한다. 설령 모든 제품을 다 잘 만들 수 있다고
해도, 그 중에서 제일 뛰어난 것을 만들어야 이득이다. 즉 '비교
우위comparative advantage'가 있는 제품에 집중해야 유리하다.

우위, 즉 어느 쪽이 유리한가는 어떻게 결정해야 할까? 바로
특정 지역에서 특정 제품을 생산하는 데 드는 '비용'을 기준으로
한다. 많은 요소들이 비용에 영향을 준다. 가용 가능한 천연자원,
기후, 토지, 노동력의 규모, 임금, 임대료, 규제, 기술, 장비, 운송
등등.

일례로 중국은 젊은 인력이 풍부하고 상대적으로 규제가 느
슨하다. 중국에서 노동자를 고용하는 데 1달러가 든다면, 미국에
선 대략 5배를 지불해야 된다. 중국은 이미 저기술low tech 제조
업 분야에서 비교우위를 확보했기 때문에, 월마트 같은 기업이
값싼 저가제품 공급자를 찾기 쉽다. 선전 공장은 미시간 공장보
다 극히 적은 비용으로 장난감이나 전자제품을 생산한다. 게다
가 중국이나 여타 국가의 제조업체라면, 값싼 물건을 만들어 미
국에 파는 편이 유리하다는 것쯤은 쉽게 알 수 있다. 전 세계에서

소비되는 5달러 중 1달러는 미국 소비자의 호주머니에서 나온다. 미국은 세계에서 제일 큰 시장이다.

하나만 잘해서 평생 먹고살 순 없을까?

흥미롭게도, 모든 물자들이 전부 한 방향으로만 흐르는 것은 아니다.

미국은 다년간의 전문적인 재배기술과 광범위한 온대성 기후, 적합한 토양 덕분에 '콩 생산'이라는 틈새시장을 개척할 수 있었다. 뭐든 다 만들어낼 것 같은 중국도 토양 침식과 물 공급불안정으로 콩 농사만은 쉽지 않다. 덕택에 미국은 전 세계 콩 생산량의 1/3을 차지하는데, 주로 식품과 사료로 사용된다. 당연한 얘기지만, 가장 큰 고객은 세계에서 인구가 가장 많은 국가다. 중국이 부유해지면서 육류 소비량이 늘었고, 자연히 가축 사료 수요도 증가했다. 미국에서 생산되는 콩의 2/3는 중국으로 수출되는데, 최근 10년 사이 수입량은 3배로 늘었다.

미국은 또한 고성능 첨단기계와 장비 분야에서 우위를 점하고 있다. 일례로 중국은 2017년 미국으로부터 80억 달러(10조 원)어치의 항공기를 구입했다. 항공업체 보잉은 중국이 향후 20년 동안 1조 달러(1,200조 원)어치 이상의 항공기를 주문할 것으로 기대한다. 그 추세대로라면 보잉은 지속적으로 시장점유율을 유지할 수 있을 것이다.

그렇다면 중국은 향후에는 부가가치가 많이 창출되는 항공업에 더 많이 투자하는 게 현명한 것 아닐까? 미국 역시 제조업 일자리를 요구하는 자국민의 요구에 적극적으로 부응해 다시 한번 제조업 부흥을 꾀하는 편이 좋지 않을까? 이 대목에서 다시한 번 비교우위의 개념을 생각해볼 필요가 있다.

중국도 비행기를 만들고, 미국도 라디오를 만든다고 상상해보자. 모두가 숙련되어 있고 운송비도 거의 안 들며, 관세 같은 무역 장벽도 없다고 가정한다.

중국은 비행기 1대를 만드는 비용으로 라디오 10만 대를 만들 수 있고, 미국은 비행기 2대를 만드는 비용으로 라디오 10만대를 만들 수 있다고 하자. 두 나라 모두 라디오와 비행기를 만든다면, 이들은 총 비행기 3대와 라디오 20만 대를 만들 수 있다.

이런 상황에서 두 나라 모두 비행기만 전문으로 만들기로 결정한다면 어떻게 될까? 미국은 비행기 1대를 만들기 위해 포기해야 하는 라디오 대수(5만 개)가 중국(10만 개)보다 적으므로, 그만큼 희생이 적다. 그러니 미국은 라디오 생산은 중국에게 맡기고, 비행기에만 집중하기로 결정할 수 있다. 중국 역시 비행기를 포기하고 라디오만 만든다면, 미국이 만든 비행기 4대와 중국이 만든 라디오 20만 대가 생길 것이다. 두 나라가 이전과 동일한 자원을 사용했지만, 최종 결과물은 더 많다. 하지만 중국이 비행기만 만들고 미국이 라디오만 만들기로 한다면, 전체 수량은 비행기 2대와 라디오 10만 대로 절반 수준밖에 안 된다. 이것이 바로 비교우위의 마법이다.

빠른 속도로 추격하는 중국이 향후에 비행기만이 아니라 모든 제품을 더 값싸고 효율적으로 만들 수 있게 된다면 어떻게 될까? 그 경우라도, 미국은 비행기 생산을 택해야 맞다. 미국이 비행기 2대나 라디오 5만 대를 만들 수 있고, 중국이 비행기 3대나 라디오 15만 대를 만들 수 있다고 가정해보자. 미국은 비행기 1대를 위해 라디오 2.5만 대를 포기해야 하지만, 중국은 라디오 5만 대를 포기해야 한다. 이런 희생이 바로 경제학자들이 비용을 측정할 때 계산에 넣는 요소다. 이 경우 미국의 희생이 적기 때문에 비행기 제조에 비교우위를 갖는다고 본다. 물론 각 국가가 각자 전문 분야에만 매진한다면, 효율은 더욱 커지겠지만 말이다.

결국 분업화와 자유무역은 더 적은 비용으로 더 많은 상품을 생산하게 해준다. 비용이 줄면 가격은 내려간다. 중국은 점점 유복해지는 국민들의 방랑벽을 만족시키기 위해 필요한 비행기를 가질 수 있고, 로렌 같은 미국인들은 월마트에서 중국제 라디오를 삼으로써 돈을 아낀다. 아낀 돈으로 주말에 아이들을 데리고 외식을 하거나 영화 관람을 할 수도 있다.

상품이 값싸지면, 생활비 지출은 줄어든다. 생활비 상승이 곧 인플레이션이니까, 인플레이션이 둔화된다. 각국의 중앙은행은 인플레이션을 억제하고 경제와 금융의 안정을 보장하기 위해 통화 공급, 금리, 경제 전반을 관리하는 임무를 띤다. 따라서 늘 인플레이션율의 목표치를 정해두고 촉각을 곤두세운다. 물가가 목표치보다 빠른 속도로 오르면, 중앙은행은 금리를 인상해 대출을 억제하고 소비를 위축시켜서 소매업체가 가격을 올리기 어렵게 한다. 중국의 저가 상품들은 미국이 금리를 낮게 유지하는 데 도움을 주며, 가계와 기업의 부채비용도 감소시킨다. 값싼 중국산 수입품이야말로 로렌이 주택 융자금을 갚고 원하는 물건을 살 수 있게 해주는 구세주인 셈이다. 자유무역은 세계인의 높은 생활수준을 약속해준다. 이것이 장밋빛 약속이다. 장밋빛, 약속……

하지만 현실 세계는 이론대로 움직이지 않는다. 과거에도 그랬던 적은 없다.

요즘처럼 컨테이너가 발달한 시대에도 여전히 운송에는 경제·환경적 비용이 막대하게 발생한다. 중국 내 자동차 생산은 지속적으로 늘고 있으며, 현재는 미국과 일본을 합친 것보다 많다.

노동자는 다재다능하지 않다. 라디오 조립에 아무리 능숙해도 항공기 설계를 쉽게 할 수는 없다. 업무에 따른 기술난이도가 다르고 습득도 쉽지 않기 때문에, 플린트에서처럼 한 업종의 실패가 대량 실직 사태로 이어지기도 한다. 중국산 신상 라디오를 사는 일이 개인경제 차원선 합리적인 결정일 수 있지만, 국가 차원에선 엄청난 정치·경제적 결과로 이어진다.

로렌이 매주 월마트에서 쇼핑하는 것처럼, 지금도 세계 어딘가의 소비자는 제품을 구매한다. 그들이 쓰는 달러, 유로, 엔화

등이 세계의 공장인 개발도상국 어딘가의 번영을 촉진한다. 월마트 같은 거대 소매업체는 외국에서 싼값에 사온 라디오를 한때 그런 물건을 만들었던 러스트 벨트 지역에 판매한다.

과거의 산업체는 가격 경쟁에 밀려 사라지고, 한때 거기서 일했던 사람들은 돈을 아끼기 위해 저가 소매업체에 의존한다. 역설적으로 다른 나라들로 더 싼 물건을 찾아다니는 월마트의 전략 탓에 그런 일이 일어나기도 한다. 정작 지갑을 여는 것은 선진국 공장에서 쫓겨난 노동자들인데, 그 돈은 자신의 일자리를 빼앗아간 경쟁자에게 돌아가는 셈이다. 이런 역설의 위험을 지적하는 목소리가 점점 커지고 있다.

무한경쟁시대에 누구와 편을 먹어야 하나?

이론적으로는 세계화와 자유무역은 소비자에게나 국가에게나 이익이다. 논리적으로는 그렇다. 하지만 중국 광저우나 멕시코 티후아나 시민들이 미국 선거에 투표하는 게 아니다. 플린트에서 생계수단을 잃은 이들이 미국의 투표권자다. 저렴한 생활비가 전 세계나 미국 전체로 보아 유리할지 몰라도, 특정 지역경제, 지역 유권자를 대변하는 정치인, 가계를 책임지는 이들에겐 그렇지 않을 수 있다. 미국만이 아니라 세계 곳곳에, 세계화로 인한 수혜를 받지 못했다고 여기는 이들이 많다. 이런 실패자들의 거센 항의로 인해, 민족주의와 고립주의로 선회하는 흐름 또한 강해진다. 혹은 모든 국가와 자유무역을 하는 대신, 가깝거나 친한 국가들끼리만 뭉치는 소규모 무역협정이 환영 받는다. 국내 정치와 세계 경제가 충돌 노선을 걷는다.

정부는 낙후된 산업이나 지역을 자유무역의 위험으로부터 보호하기 위해, 혹은 무역수지 적자를 줄이기 위해 무엇을 할 수 있을까? 소비자의 선택을 제한할 수 있다. 중국산 저가 라디오의 매력 요인을 줄일 수도 있고, 아예 시야에서 없앨 수도 있다. 미국산 제품만 사게 만들고 싶다면, 수입품 가격을 올리거나 손에 넣기 어렵게 만들면 된다. 국내로 유입되는 제품에 막대한 관세를 매기거나 수입 물량 쿼터제로 제한을 둬도 된다.

사실 완전한 자유무역이란 존재하지 않는다. 밀수품을 적발하기 위해 짐 검사를 하는 세관부터, 모든 수입 물품에 2배의 할증료를 매기는 부탄 같은 국가의 정책에 이르기까지, 사방에 장벽이 존재한다. 장벽은 여러 형태다.

어떤 국가는 오히려 수출품에 세금을 부과해서 해외 구매자들이 더 비싼 값을 치르게 한다. 경쟁국보다 싼값에 공급하려 애쓰는 게 보통이니, 괴상하게 들릴지 모른다. 특히 그 정책을 중국이 사용한다면 더 이상할 것이다. 하지만 한때 중국은 그런 정책을 썼다. 국제 곡물가가 오르자, 중국 농부들이 작물을 전부 해외에 내다팔려고 하는 바람에 중국 내 식량 부족 사태가 발생했다. 정부는 수출 작물에 세금을 부과했는데, 이는 자국민에게 필요한 식량을 공급하기 위함이었다. 중국은 전 세계 인구의 1/5이 사는 곳이지만, 경작지 면적은 7퍼센트에 불과하다.

정부가 보조금을 지급하거나 세금을 낮춰줌으로써, 낙후된 업계에 현금 지급 효과를 거두기도 한다. 일부 유럽 항공사가 그런 혜택을 누린다. 더 노골적인 방법은 국가가 나서서 환율을 조정하는 것이다. 통화 가치가 낮을수록 제품 가격은 내려가기 때문에, 수출이 잘 된다. 중국은 누차 이런 행동을 했다는 혐의를 받는다.

철강업은 이 모든 메커니즘을 압축해 보여주는 흥미로운 사례다. 중국이 눈부신 성장을 이루며 세계의 공장이 되고, 건설 붐이 더해지면서 철강 수요가 막대하게 증가했다. 2015년에 이르면 중국이 세계 철강 생산의 절반을 도맡게 되는데, 대부분은 내수용이었다. 중국 정부는 철강 제조에 필요한 에너지 기업과 철강 회사 모두에게 보조금을 지급했다. 그 덕택에 타 국가보다 훨씬 낮은 가격으로 제품을 팔 수 있게 되었다. 이것이 바로 '덤핑'이라는 품위 없는 용어로 일컬어지는 일련의 과정이다. 당연히 전 세계 철강 가격은 하락한다.

세계 유력 철강업체들은 중국의 이러한 덤핑 행각의 부당성을 지적하면서도, 저가 흐름에 맞춰 사업 유지에 힘썼다. 그러다가 중국의 건설 붐이 소강상태에 이르자, 철강은 남아돌게 된다. 중국은 자국에서 소화하지 못하는 더 많은 철강을 세계 시장에 내놨고, 가격은 더 떨어졌다. 다른 국가의 철강 회사들은 마침내 패

배를 인정하고 공장 문을 닫고 일자리를 줄였다. 2016년 미국의 철강 생산량은 1973년의 절반 수준으로 줄었다.

철강업 붕괴의 영향은 러스트 벨트 너머로까지 확산되었다. 한 국가가 자국의 안보를 유지하려면 식량, 식수, 무기 등은 자력으로 생산할 수 있어야 한다. 이런 분야를 '전략' 산업이라고 일컫는 데는 이유가 있다. 이 업종을 사수하는 일은 매우 중요하기 때문에, 일부 국가에서는 철강을 전략 산업에 포함시킨다.

미국이든 다른 나라든, 자국 산업을 보호하면서 동시에 추가 이익까지 얻을 수 있는 정책이 몇 가지 있다. 대다수 국가 정책은 수입 제품의 가격이나 수량을 제한하거나, 수출 다각화를 통해 선택의 폭을 넓히는 데 초점을 맞춘다. 수입 제품의 매력을 떨어뜨려, 소매업체나 소비자의 눈길을 국산 제품으로 돌리려는 것이다. 난항을 거듭하던 자국 제조업체가 공장을 재가동하고 일자리를 보존하거나 심지어 새로운 고용을 창출할 수도 있다. 게다가 관세를 통해 정부는 여분의 현금을 확보할 수 있다. 미시간 같은 주정부 살림살이에 반가운 소식이다.

반대로 중국 선전의 입장에서는 이런 정책이 달가울 리 없다. 중국은 미국산 제품에 보복관세를 매기고 또 다른 무역장벽으로 반격할 것이다. 제재와 보복은 곧이어 무역전쟁으로 번진다. 그리고 그 결과는 그리 단순하지 않다.

미국의 무역제재로 중국 선전의 공장만 거래처를 잃게 될까? 중국은 보잉이나 포드 대신, 유럽의 에어버스나 폭스바겐에게서 항공기와 자동차를 구입할 것이다. 이렇듯 철강 하나를 보호하기 위한 조치가 부메랑이 되어, 다른 산업 전체가 위험에 처할 수 있다.

수입제재 덕분에 자신의 일자리가 보호 받는다고 여기는 노동자도 있겠지만, 관세 부과로 수입품 가격이 올라 결국 내 월급에서 더 많은 돈이 빠져나갈 수도 있다. 게다가 물가가 오르면 중앙은행은 금리를 인상하려 할 것이다. 더 많은 이자를 내야 해서 쇼핑에 쓸 돈이 줄어들 뿐만 아니라, 일부 수입품은 시장에서 퇴출되어 선택의 폭도 줄어든다. 생활의 질이 낮아지는 것이다.

게다가 오늘날 한 가지 완성품의 생산 과정은 매우 복잡해졌다. 미국산 보잉 항공기에는 영국산 엔진, 캐나다산 무선 항법장치, 중국산 티타늄 엔진이 포함된다. 그러니 중국 수입품에 대한 관세를 올리면, 보잉 역시 타격을 입게 된다. 아이폰 한 대에만도 대만, 중국, 독일을 비롯해 최소 10여 개국에서 만든 부품이 들어간다. 미국이 자유무역을 옭죄면, 애플 고객만이 아니라 실리콘밸리 투자자들까지 불안에 휩싸인다.

게다가 중국 수입 물량을 얼마나 줄여야, 미국 제조업이 다시 숨을 쉴 수 있게 되는 걸까? 제조업 분야의 고용은 미국이 멕시코와 자유무역협정을 체결하기 훨씬 전부터 사실상 감소세로 돌아섰다. 수천 킬로미터 떨어진 타국의 공장들만큼이나 '첨단기술'은 일자리 감소에 큰 역할을 해왔다. 그러니 관세 정책만으로 큰 차이를 만들기 쉽지 않다. 어쩌면 진짜 경쟁자는 로봇이나 인공지능인지 모른다.

미국과 중국이 전쟁하면, 세계가 콜록대는 이유

무역전쟁의 영향은 엄청나다. 트럼프 대통령은 2016년 대선 캠페인에서 중국 상품에 무려 45퍼센트의 관세를 매기겠다고 공약함으로써, 무역전쟁의 포문을 열었다. HSBC와 다이와 캐피털 마켓 등 금융권 경제학자들의 분석에 의하면, 중국의 대미 수출액은 50~85퍼센트, 즉 최대 4,200억 달러(500조 원) 감소한다. 이는 중국 총소득의 5퍼센트에 달하는 수치고, 수백만 개의 일자리를 위협할 수 있다고 보았다. 실제 트럼프 행정부는 공약보다는 낮은 수준(25퍼센트)이지만 관세를 부과하고 무역전쟁을 선포하며, 중국과의 일전에서 승리할 것이라 자신했다. 과연 그럴까? 무역전쟁은 중국 일방에만 피해를 입힐까?

미국의 대공황 시기는 무역장벽의 폐해를 극명하게 보여주는 살아 있는 역사다. 1920년대에 미국 경제는 눈부신 호황을 구가했다. 소비, 생산, 투자 모두 큰 폭으로 가파르게 성장했다. 그런데 성장세가 오래가지 못했다. 시작은 1929년 주가 대폭락이었다. 월가의 주식가치가 일주일 만에 1/3이나 줄어, 소비자 신용, 자산가치, 지출 모두에 크게 타격을 입혔다. 기업은 노동자를 수천 명씩 해고했다. 정부는 금융 위기에 대처해 빨리 사태를 반전시켰어야 했다. 그런데 당국은 조기진화에 실패했다. 단기간에 많은 자금을 투입하는 이른바 '양적 완화'를 통해 급한 불을 껐어야 했는데, 시기를 놓친 것이다.

1930년에는 심지어 스무트 홀리Smoot-Hawley 관세법까지 제정됐다. 890개 농산물에 대한 관세를 대폭 인상하는 이 법안은 자국 농부들을 지원하기 위한 것이었다. 더스트보울Dust Bowl이라는 유례없는 가뭄과 먼지폭풍에 캐나다와 미국 대초원 전역이 피해를 입고 농지가 황폐화되었기 때문에, 특별 제정된 법안이다. 하지만 그 탓에 식량 가격은 치솟았고, 다른 국가들 역시 미국산 제품에 보복관세를 부과하면서, 세계 무역량이 65퍼센트나 감소했다. 한 세기 전만 해도 미국 산업 성장의 원동력이었던 보호무역주의는 오히려 대공황의 고통을 심화시키는 복병이 되어버렸다.

무역전쟁과 2차 세계대전의 상흔으로 만신창이가 된 미국은 우방들을 초청해 상품에 대한 무역관세 인하 협정을 논의했다. 금융정책을 조정하기 위해 이제 막 세계은행World Bank과 국제통화기금IMF도 창설된 터였다. 이에 발맞춰 무역을 관할할 기구도 마련하려던 것이다.

1947년 '관세와 무역에 관한 일반 협정GATT'이라는 평범한 이름하에 제네바에서 진행된 논의는 장벽을 허물기 시작하는 데 성공했다. 23개국 간에 약 4만 5천 건의 무역 양해각서를 체결해, 100억 달러 상당의 무역을 통괄하게 됐다. 7개월의 작업치고는 나쁘지 않은 성과다.

물론 그것은 시작에 불과했다. 대다수 무역장벽은 그대로였고, 합의 내용 역시 관세 철폐보다는 축소에 초점이 있었다. 이후 반세기에 걸쳐 회담이 계속되면서, 자유로운 세계 무역을 위한 규칙이 정해졌다.

1995년, 드디어 세계무역기구WTO가 탄생했다. 단순히 로고만 바뀐 게 아니다. GATT가 무역을 위한 규정을 만드는 데 치중했다면, WTO는 이미 정해진 규칙을 바탕으로 더욱 자유로운 무역을 관리, 촉진, 감시한다. WTO는 회원국들이 규칙을 엄수하도록 강제력을 발휘한다. 회원 가입은 자발적이지만, 회원국은 꾸준히 증가했다. 2001년, 중국이 143번째로 가입했다.

WTO 회원국은 160개를 넘었다. 뉴스 헤드라인에는 주로 강대국만 거론되지만, WTO 회원국의 3/4 이상은 산업 발전 도상에 있는 저소득 국가들이다. 그들이 무역장벽 너머로 거래를 하도록 허용한다. 사실상 WTO는 개발도상국 발전을 지원하는 것을 최우선 과제로 삼아왔다.

분쟁 해결은 WTO의 역할에서 매우 큰 부분을 차지하며, 세계 최대의 입법·사법 기구라 할 만한 이곳에선 합의에 근거한 판단을 내린다. 중국의 쌀 생산 보조금 지급을 허용할 것인가?, 2008년 금융 위기 이후 미국이 자국 자동차산업을 보호하기 위해 공적자금을 투입하는 것은 정당한가? 등등. WTO는 운동장 아이들 싸움에서 이 편 저 편의 얘기를 듣고 중재하듯이, 당사자들이 각자의 입장에서 내놓은 증거들을 면밀히 검토한다. WTO 설립 후 초반 20년 동안, 약 500건의 분쟁이 제기되었다.

대부분의 분쟁은 덤핑에 관한 것으로, 중국산 철강의 경우처럼 정부 지원금의 조력을 받아 실제 생산가보다도 낮은 가격에 판매되는 제품들 같은 이슈들이다. 턱없이 낮은 가격 탓에 경쟁이 힘들어지기도 했지만, 한편으로는 전 세계 제조업과 건설업이 그 수혜를 입기도 했다. 특정 국가가 규정을 어겼다고 판단되면, WTO는 보복을 허용할 수 있다. 그로 인해 EU와 미국은 값싼 중국산 철강 제품에 대해 벌금을 부과할 수 있었다.

WTO는 완벽한 것까지는 아니어도, 좀 더 개방된 자유무역을 촉진시켰다. 이러한 무역을 통해 경제는 더 빨리 성장하며, 일자리와 수입이 늘고 소비자의 선택권이 넓어지며 가격은 저렴해진다.

고민이 많아진 중국, 바통터치를 원하는 미국

로렌이 월마트 계산대에 라디오를 올려놓은 순간, 달러는 그 기나긴 여정의 출발점에 서게 된다. 한 나라의 번영이 다른 나라들과 얼마나 연관되어 있는지, 동떨어진 듯 보이는 서로 다른 요인들이 어떻게 영향을 미치는지, 우리는 앞으로 하나하나 더 자세히 살펴볼 것이다.

로렌 같은 고객들이 K마트나 타겟 같은 경쟁업체로 가는 걸 막으려면, 월마트는 항상 경쟁자보다 저렴한 가격을 유지해야 한다. 그러려면 싼값에 물건을 줄 곳을 확보하기 위해, 세계 어디라도 찾아다니지 않을 이유가 없다.

중국이나 여타 국가들은 어떻게 더 싼값에 제품을 공급할 수 있을까? 중국 선전의 임금은 왜 미국에 비해 터무니없이 낮을까? 월마트는 미국 텍사스 매장의 계산원에게는 시급 13달러를 주고, 동일한 일을 하는 중국 매장 계산원에게는 시급 2달러도 안 되는 돈을 지불하면서도, 왜 처벌 받지 않는 걸까?

이런 격차는 대부분 인구통계적인 문제로 귀결된다. 중국의 경제활동 가능 인구는 9억 명이 넘는다. 미국보다 5배나 많다. 게다가 그들은 더 젊다. 중국 공장이나 슈퍼마켓에서 직원을 채용할 때에는 큰 수고를 할 필요도 없고 마음대로 고를 수도 있다. 그런 일자리 외에 매력적인 직업이 별로 없기 때문이다.

통상 한 국가의 산업은 농업 중심에서 제조업 중심, 서비스업 중심 순으로 발전해나간다. 예외는 있지만 중국은 대체로 아직 그 전반기에 있다. 월마트에서 파는 장난감을 만드는 이들은 수십 년간 해왔던 농장 노동에 남을 것이냐, 새로운 기회를 찾아 공장 지대로 올 것이냐의 기로에서 선택한 이들이었다. 농장보다는 조립 라인에서 일하는 편이 더 다양한 기술을 익힐 수 있고 임금도 더 높다.

아직까지는 중국과 미국의 제조업 격차는 큰 편이다. 미국은 첨난 설계나 첨난 기술 산업에 뛰어나다. 말하자면 전구보다는 비행기 쪽인 셈이다. 그러려면 전문적인 장비와 뛰어난 자격을 갖춘 노동자가 필요한데, 이는 결국 노동자들의 생산성을 높인다. 140년 전에 산업혁명을 겪은 미국이 아직은 여러모로 유리한 게 사실이다.

중국이 세계의 공장이 되기로 한 것은 고작 수십 년 전의 일이다. 유고한 유교 문화와 공산주의 유산 탓에 혁신이라는 개념을 퍼뜨리기 어려웠고, 기업가정신을 배양하지도 못했다. 1978년이 되어서야 겨우 제한적 토지 사유화가 허용되었다. 자유로운 정보 교환, 조세 시스템, 지적재산권의 개념에 이르기까지, 선도적인 사상을 장려하고 보호하는 속도 역시 매우 느리다. 최근까지도 스타트업을 육성하기보다 중앙에서 지시한 사업계획을 이행하는 데 치중하는 경향을 보였다. 2015년 미국은 '기업가가 되기에 가장 좋은 나라' 1위로 선정된 반면, 중국은 61위로 간신히 턱걸이를 했다. 선도적인 아이디어는 구성원들의 생산성을 높이고 궁극적으로 더 많은 성과를 얻게 해준다.

그러나 동시에 지난 50여 년 사이, 중국은 몰라볼 만큼 변모했다. 20세기 중반부터 정부의 엄격한 통제 하에 대규모 산업화가 시작됐다. 1970년대에는 기업의 제품 생산 할당과 제품 구입 자격 제한이 철폐됐다. 회사는 번 돈을 소유할 수 있게 됐고, 임금도 직접 정할 수 있게 됐다. 무엇보다 중요한 것은 해외에도 제품을 팔 수 있게 됐다는 점이다. '세계의 공장'이 될 수 있는 길이 열린 것이다. 1978년부터 2012년 사이, 중국 경제는 매년 10퍼센트씩 성장했다. 수치의 신빙성에 의심을 품는 이들도 많지만, 가공할 만한 수준임에는 분명하다.

농촌에서 공장으로 사람들이 몰리면서, 소득이 늘었다. 1978년 이후, 7억 명 이상이 빈곤에서 탈출했다. 컨설팅회사 맥킨지의 연구에 의하면, 2000년에 불과 500만 명이던 중국 중산층은 2016년 2억 2,500만 명으로 급증했으며 2022년이면 5억 명을 넘어서리라 추정된다. 이 새로운 중산층은 연간 11,000달러 ~43,000달러 사이의 수입을 올리고, 부동산을 소유하고 있으며, 도시 지역에 거주한다. 아메리칸 드림과 유사하면서도 상당히 다르다.

중국의 다음 목표는 무엇일까? 체제의 제약이 있지만, 자유화와 번영은 국민들의 요구이자 열망이다. 저임금이 중국 수출의 성공비결이었을지 모르지만, 이제 노동자들의 눈높이가 달라지고 있다. 스스로의 가치에 눈뜨기 시작하면서 임금, 근로시간, 근로조건 개선을 더 강하게 요구한다. 고분고분한 새 직원으로 대체하면 되는 것 아니냐고? 이젠 쉽지 않다. 아이폰 제조사인 폭스콘이든 월마트의 공급업자든, 새로운 직원을 찾으려면 더 깊은 농촌까지 파고들어야 한다.

정부 조치도 한몫했다. 1979년 도입된 '한자녀 정책'이 35년이나 지속되었다. 산아제한에는 성공했지만, 또 다른 불안이 엄습했다. 남아 선호로 여아 살해와 낙태가 빈번했던 탓에, 현재 중국 남성은 여성보다 6천만 명 이상이나 많다. 노령화도 빨라져서, 2050년에는 4명 중 1명이 65세 이상으로 예상된다. 중국의 노동력이 쪼그라들고 있는 것이다. 예전이라면 공장 신입사원이 10대나 20대 초반이었지만, 지금은 40대도 상당수다. 노동력 착취에 대한 전 세계 소비자들의 의식이 높아지고 감시가 심해지면서, 고용주에 대한 압박도 가중되고 있다.

소득도 높아졌다. 2000년 이후 매년 그 비율이 줄고 있긴 하지만 2014년 기준으로도 임금 인상률이 9.5퍼센트로, 서구 기준에선 높은 수치를 기록했다. 중국 경제의 내수 비중도 점점 늘고 있는 만큼, 소득 증대는 수출 의존도를 줄이는 요인이 되기도 한다.

물론 임금이 오르면 생산비도 높아져, 중국 공장은 더 큰 압박에 시달린다. 그렇다고 월마트에 돈을 더 달라고 요구할 순 없다. 그랬다간 거래 자체가 위태롭다. 이들 역시 비용 절감에 모든 수단을 동원한다. 속도와 생산성을 높이기 위한 첨단 기술 투자도 하나의 방법이다. 거대하고 인구 구성이 다양하기에, 중국 내의 더 싼 지역으로 옮기는 방법도 있다. 폭스콘만 해도 허난, 쓰촨, 구이양 등으로 공장을 다원화하고 있는데, 임금이 더 낮고 임대료도 저렴한데다 다양한 세금 우대 혜택도 누릴 수 있다.

하지만 이 역시 임시방편이다. 이런 곳에서도 곧 비용이 오를 것이다. 결국 시간의 문제인 셈이다. 공장 비용이 올라가면, 월마트는 어떻게 할까? 자사 수익을 낮추고 제품을 계속 주문할 수도 있다. 하지만 그렇게 하면 주주들이 가만있지 않을 것이다. 생산가 상승에 맞춰 판매가를 인상할 수도 있다. 하지만 그렇게 하면 고객들이 다른 곳으로 떠날 것이다. 경쟁업체들도 비슷한 처지겠지만.

시야를 다른 곳으로 돌릴 수도 있다. 베트남이나 필리핀이 빈자리를 비집고 들어올 수 있다. 베트남의 임금 현황을 보면, 중국은 되레 후해 보일 지경이다. 베트남의 직물 노동자가 받는 최저임금은 월 100달러 수준으로, 중국 노동자가 티셔츠를 재봉하고 받는 금액의 1/5에도 못 미친다.

H&M이나 유니클로 같은 글로벌 브랜드 매장, 아니 지금 당장 당신 옷장에 걸려 있는 옷만 보아도, '메이드 인 베트남' 라벨을 심심찮게 볼 수 있다. 월마트는 일찌감치 2013년에 베트남 호치민에 글로벌 소싱 지사를 설립했다. 의류·섬유 산업은 베트남 경제의 15퍼센트를 차지하며, 350만 명 가까운 인력이 이 분야에 종사한다.

베트남은 영세한 기업 규모와 유통 시스템 탓에, 직물부터 지퍼 같은 부자재들 대부분을 수입에 의존해야 한다는 문제를 안고 있었다. 하지만 베트남 정부는 신공항 건설, EU와의 무역협정 등 상황 개선을 위한 야심찬 계획에 시동을 걸었다. 베트남 섬유업계는 향후 10년 안에 수출 실적을 두 배로 끌어올리겠다는 목표를 세웠다.

하지만 미국이 환태평양 경제동반자협정TPP을 탈퇴하고, 베트남에서 수입되는 섬유제품에 높은 관세를 부과하게 되는 상황이 전개되면서, 여전히 변수는 많이 남아 있다. 하지만 베트남 공장이 갈수록 더 매력적인 대안이 되어가고 있음은 주지의 사실이다.

시간이 지나면 베트남의 임금도 오를 것이다. 그때는 어떻게 해야 할까? 전 세계 소매업체들은 베트남의 뒤를 이을 염가 공급업체를 또다시 찾아낼 것이다. 방글라데시와 캄보디아는 베트남보다 물가가 싸다. 하지만 규제와 절차가 부족한 방글라데시의 경우 다카의 라나플라자 공장 붕괴 사고로 1,100여 명의 사상자가 발생하는 등, 후보지로서의 매력이 좀 떨어진다. 물론 상황은 얼마든지 바뀔 수 있다. H&M이 거래하는 미얀마도 유력 후보다. 이 나라 역시 점점 역동적으로 변하면서 경쟁력이 높아지고 있는 곳이다. 그 외에도 많은 나라가 달러를 차지하기 위한 싸움에 뛰어들고 있다.

그러면 중국은 어떻게 될까? 확고한 거점을 마련하고 명성을 키웠으니, 당분간은 단순 상품의 핵심 제조업자로 남을 것 같다. 반면 휴대전화 제조로 시작한 가전 브랜드 샤오미Xiaomi 등의 진화는 중국이 생산뿐만 아니라 첨단 산업 쪽에서도 자기만의 시장을 개척하고 있음을 입증한다.

그들은 더 이상 미국에만 의존하지도 않는다. 생산에 필적하는 소비 습관을 지닌 중산층의 폭발적인 증가로 풍부한 기회도 생겼다. 예컨대 전자상거래 분야 거인 알리바바alibaba의 성장을 견인했고, 이들은 미국 증시 역사상 최대 규모의 기업공개를 통해 글로벌 무대로 진출했다. 알리바바는 실제 매장 없이 가상 매장만 가지고도, 이미 2016년에 월마트를 제치고 세계 최대 유통업체 왕좌에 올라섰다.

다시 텍사스의 월마트 매장으로 돌아가 보자. 진열대에 쌓여 있는 수많은 값싼 제품을 공급하는 주역은 여전히 중국이다. 로렌이 계산대에서 작별을 고한 우리의 1달러는 이제 그곳을 떠난다. 그리고 무려 1만 3천 킬로미터 떨어진 선전의 라디오 제조업체로 흘러들어간다.

물론 달러는 그곳에도 그리 오래 머물지는 않을 것이다.

자, 여행을 시작해볼까? 비행기를 타고 태평양을 건넌다!

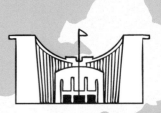

China

2장

중국 베이징에 도착한 1달러

타고난 장사꾼들의 야심찬 세계 지배 전략

THE
ALMIGHTY
DOLLAR

Making the global red carpet
The New China

당신의 운명이 베이징 첸팡Chengfang 스트리트 32번지와 관련이 있다고 하면, 무슨 소린가 싶을 것이다. 버킹엄 궁전, 백악관, 크렘린 궁전 같은 명소는 아니지만, 당신이 꼭 알아야 하는 곳임에는 분명하다. 미국 텍사스 월마트에서 출발한 우리의 1달러는 바로 여기로 흘러들어온다.

베이징에는 로터리가 4개 있는데, 첸팡 스트리트는 두 번째 로터리 안쪽 고층건물이 즐비한 금융가를 말한다. 2008년 베이징 올림픽에 맞춰 완공된 이 구역은 중국판 월가로, 은행과 금융기관들이 즐비하다. 서구의 빌딩숲과 외관은 비슷하지만, 이곳에서 제일 중요한 일들은 고층건물 안 비밀의 정원에서 은밀히 이루어진다. 중국 증권거래소는 상하이에 있지만, 베이징 금융가를 형성하는 이 35개 블록이야말로 중국 최

대의 통화·금융 메카다. 중국 통화인 인민폐 수조 위안이 매일
이곳을 지난다. 그리고 그 중심부가 바로 중국 인민은행이 자
리한 32번지다.

세계 경제를 쥐락펴락하는 낡은 9층 건물

우리의 1달러는 여기 낯선 빌딩숲 안으로 들어왔다. 여기가 중국
베이징인지 뉴욕인지, 어안이 벙벙할 지경이다. 잠깐! 거기 높고
화려한 건물 쪽이 아니다. 저기, 주변과 어울리지 않는 조금은 초
라해 보이는 건물. 거기가 우리 목적지다.

주변 고층건물에 비하면 초라하기 짝이 없는 9층짜리 건물.
첸팡 스트리트 32번지가 바로 이 건물 지번이다. 그러나 1949년
설립된 중국 인민은행의 왜소한 겉모습은 눈속임에 불과하다.
보기와 달리, 이곳은 전 세계 수십억의 경제 운명을 좌우하는 기
관이기 때문이다.

여전히 국가의 소유와 통제가 위력을 발휘하는 곳. 이제 우리
의 달러는 이곳에서 길을 찾아야 한다. 중국 인민은행은 설립 후
30여 년간 중앙은행으로도 상업은행으로도, 거의 유일한 은행이
었다. 세계를 향해 문호를 개방한 경제 시스템을 핸들링 하기엔,
제아무리 지역 사무소를 여럿 둔다 해도 버겁기 짝이 없었다. 자
신들이 이룬 성공에 발목이 채여 과부하의 위험에 처한 것이다.

결국 1980년대, 인민은행의 상업 금융 부문이 4개(중국공상은행 ICBC, 중국건설은행CCB, 중국은행BOC, 중국농업은행ABC)로 분리됐다. 이들 전문은행들은 독립적으로 운영되기는 하지만, 여전히 국가 소유다.

로렌이 낸 달러는 일단, 전자회사 밍톈Mingtian(가상의 회사다)의 중국 선전 본사로 간다.

이들은 수천 개의 다른 생산업체들이 그렇듯이, 살아남고 성장하기 위해 맹렬히 경쟁한다. 선전은 이미 단순한 생산기지를 넘어서, 혁신과 아이디어가 생산으로 연결되는 중국판 실리콘밸리로 부상하고 있다. 그 주인공이 되기 위해서 밍톈에게 필요한 건 달러가 아니다. 급료를 지급하고 중국 최대의 화창베이 전자상가에서 부품을 구입하려면, 위안화라고 부르는 인민폐가 필요하다. 그래야 드론이나 액션캠 같은 신제품 개발에 투자를 하고, 진품과 구분이 어려운 짝퉁 카피 제품에 추월당하지 않고 앞서 갈 수 있다.

밍톈의 재무 담당자가 시중은행에서 달러를 위안화로 바꾸면, 이 달러는 어디로 갈까? 중국의 중앙은행은 국내에 들어오는 화폐를 철저히 통제한다. 당연히 달러는 중앙은행인 인민은행 금고로 들어간다. 그리고 그곳에선 절대 외로울 일 따위는 없다.

'세계의 공장'이 된 중국의 진짜 속내

글로벌 경제에 비교적 새롭게 등장한 후발주자이긴 하지만, 중국은 국내외에 막강한 파워를 발휘하기 위해 달러를 최대한 움켜쥐는 전략을 택한다. 중국이 이룬 눈부신 경제 발전은 전 세계에 충격을 안겼고, 앞으로도 상당 기간 그럴 것이다. 더군다나 최근 몇 년 사이 중국은 경쟁국을 가뿐히 따돌리며 세계무대에서 주역 자리를 차지했다. 중국이 커지는 동안, 동북아에서는 여러 나라가 권력 쟁탈의 전쟁터에서 쓴맛을 보았다.

일본은 어떤가. 20세기 후반 소니나 도요타 같은 친숙한 브랜드를 창조하면서, 아시아의 별, 첨단기기의 선두주자로 꼽히지 않았던가. 하지만 빨리 솟아오른 별은 빨리 진다고 했나? 경제 부흥에 대한 지나친 낙관과 자신감은 거품으로 이어졌다. 1990년대 초, 거품은 급격히 꺼졌다. 주식시장 침체에 이어 경기까지 가라앉으면서, 경제성장률과 일자리가 동시에 주저앉는 이른바 '잃어버린 10년'이 강타한다. 이 여파로 대만이나 한국도 타격을 입었다. 이는 중국이 부상한 시기와 무관하지 않다.

물론 일본은 여전히 세계 최강국이다. 세계 3대 경제 대국이며, 다시금 번영을 꿈꾼다. 중국에 비해 스포트라이트를 덜 받고 있긴 하지만, 아시아 주연 자리를 두고 경쟁한다. 중국과 일본은 여러 면에서 서로 의지하면서, 위태로운 복식조처럼 움직인다. 본래 중국이 부품을 생산하고 일본이 이를 활용해 정교한 기기를 만들었다면, 이제는 중국이 완제품을 만들고 일본이 거기 필요한 정교한 부품을 댄다. 휴대전화 단말기 같은 게 그렇다. 또한 서로의 내수시장에 깊이 의존한다. 그러나 중국이 점점 더 첨단기술의 주체가 되어가는 한, 일본은 설 자리가 점점 줄어들 것이다.

미국 소비자가 사용한 달러는 중국이나 중국 내 제조업체의 매출 증대나 일자리 창출과 관련이 있다. 하지만 그건 역할의 일부일 뿐이다. 중국과 미국의 무역은 기본적으로 돈만을 목표로 하는 게 아니다. 중앙무대를 차지하기 위한 싸움의 일부이기도 하다.

재주는 미국이 부리고, 돈은 왕서방이 챙긴다?

중국을 오늘날의 경제 블록버스터로 만든 주역들은 누구일까?

여기, 저우샤오촨Zhou Xiaochuan을 만나보자. 그는 2002년부터 2018년까지 무려 16년 동안 중국 인민은행장을 맡아, 중국의 그린스펀이라 불리는 인물이다. 공과대학을 나온 그는 경제계 수장 자리엔 어울리지 않는 듯 보인다. 그러나 중국 경제 개혁의 선봉장으로 꼽히는 그는 무려 세 명의 주석이 바뀌는 동안, 중국 경제를 현대화하고 통화 가치를 높인 주역으로 평가 받는다. 그의 아내 리링Li Ling 역시 상무부 고위 인사로서, 무역 거래와 분쟁 중재를 담당했다. 미국과의 관계가 나빠졌을 때조차, 중국 제품을 지속적으로 수출할 수 있도록 길을 터온 게 그다.

이들 부부는 중국이 글로벌 무역이라는 최전선에서 시장 확대를 통해 달러를 벌어들이고, 기업이 거둬들인 수익을 쉽게 예치하고 위안화로 환전하고 대금 지급을 할 수 있도록 시스템을 발전시켜온 셈이다. 중국의 무역과 금융 시스템은 서로 밀접하게 연관되어 진화해왔다.

1949년, 중국은 미국 혹은 강력한 달러와 어깨를 나란히 하는 쇼의 주인공이 되기 위해, 스스로 어둠으로부터 벗어났다. 중국은 자기 방식으로 1등이 되고 싶어 했으며, 그러려면 조연으로 미국이 꼭 필요했다. 중국은 달러를 찍어내는 미국을 겨냥한 무기를, 바로 그 달러를 이용해 만들어냈다. 이것이 바로 통화전쟁 war of currency이며, 이 복잡한 스토리의 핵심 키워드는 바로 '달러'다.

번창하는 기업이 그렇듯, 중국으로 수많은 통화가 흘러들어온다. 중국이 값싼 전자기기를 비롯한 수많은 제품을 전 세계에 팔아치우면서, 그로 인해 챙기는 돈도 엄청나게 늘어났다. 중국 인민은행은 상상할 수 없는 엄청난 현금을 빨아들인다. 이 돈은 대개 수출품을 팔아 얻은 것이므로, '외환보유액foreign reserve'이라고 한다. 어떤 나라든 외환보유액은 달러, 엔, 금 등 쉽게 현금화할 수 있는 자산으로 보관한다. 이를 무역에 사용하거나 비상시 위기 진화에 사용하는 것이다.

중국이 얼마의 외환보유액을 어떤 형태로 갖고 있는지는 '국가 기밀'이다. 텍사스 월마트에서 로렌이 지불한 달러는 전자적 형태로 통용되겠지만, 액면가에 해당하는 보유액은 금 형태로 베이징 중앙은행 금고에 보관돼 있을 수도 있고, 군대가 삼엄하게 경비하고 있을지도 모른다. 확실한 사실 하나는 첸팡 스트리트가 이 달러를 확실히 움켜쥐고 자신들의 세력 기반을 다지는 데 백분 활용했다는 점이다.

중국은 값싼 제품을 수출해 큰돈을 벌지만, 이들 제품이 가격 경쟁력을 가지는 이유는 단지 생산 비용이 저렴하기 때문만은 아니다. 그것은 중국의 통화 전략과도 관련이 있다.

밍톈이 중앙은행에서 바꾼 1달러는 미국에서 중국으로 들어오는 수십억 달러 중 1달러지만, 반대 방향으로 가는 금액보다는 많은 액수다. 무슨 말인고 하니 다음과 같다.

중앙은행은 중국 내 모든 기업이 벌어들인 달러를 예치시킴으로써, 사실상 중국 내 모든 달러를 소유하게 된다. 수출업체는 자기가 번 달러를 반드시 자국 통화로 바꿔야 한다. 다시 말해 달러로 자국 통화를 사야 한다. 하나의 통화를 다른 통화로 교환하는 것이다. 환율이란 하나의 통화 가격을 다른 통화 가격과 등치시킨 것이다. 중국으로 들어온 모든 달러가 위안화를 사야 하므로, 위안화 값은 더 비싸질 수밖에 없다. 본래 이게 수요와 공급의 법칙이다. 위안화 양이 일정한데 모두가 위안화를 원하면, 더 많은 달러를 내야 하는 것이다.

셔츠에 넥타이 차림으로 수화기를 들고 소리를 질러대는 중개인의 모습은 월가를 다룬 영화의 진부한 클리셰가 아니다. 전 세계 통화 거래소가 바로 그런 모습이다. 이들은 다양한 통화에 대한 수요·공급에 따라 환율을 조정해서, 적정 가격을 도출한다. 달러를 파는 사람보다 사는 사람이 많으면, 달러 값이 오른다. 중국의 대미 수출이 늘면 위안화 수요가 늘고 중국 환율도 오른다.

그러나 그건 어디까지나 이론상의 얘기다. 중국에선 모든 달러를 중앙은행을 통해서만 거래해야 하기 때문에, 중앙은행이 쉽게 가격을 정할 수 있다. 중국은 오랜 동안 달러 가격을 인위적으로 높게, 위안화 가치를 인위적으로 낮게 책정해왔다. 이렇게 하면 위안화를 사는 데 필요한 달러는 줄어들고, 무역 용도로 달러를 사고자 하는 기업은 더 많은 위안화를 지불해야 한다. 중앙은행은 달러 당 위안화 환율을 높임(위안화 절하)으로써, 이런 일을 가능케 했다.

경제를 지속시킬 자금이 충분한지 체크하는 것은 본래 중앙은행의 임무 중 하나다. 번영의 바퀴가 지속적으로 돌아가도록, 그 연료인 지폐와 동전을 발행한다. 때론 자신들이 원하는 가격(환율)으로 달러를 사들일 수 있도록 돈을 넉넉히 발행한다. 물론 이는 상당히 위험한 전략으로, 현금이 너무 빨리 시장에 유입되면 수요가 급등하고 물가 상승률이 높아져 인플레이션을 일으키기 때문이다. 그럴 경우, 중앙은행은 '불태화sterilisation' 기법을 활용해 인플레이션을 막는데, 시중에 도는 여유자금을 회수하기 위해 채권을 발행하는 등의 기법이 그것이다.

세계 시장에서는 환율을 시장 상황에 맡기는 변동 환율제가 일반적이다. 변동 환율이 적용된 통화는 그 가치가 정해지는 외환시장에서 합법적으로 거래된다.

하지만 중국은 다르다. 중국 인민은행은 무역이나 여타 정책과 마찬가지로, 환율을 강력히 틀어쥐어왔다. 수출경쟁력을 위해 위안화 환율을 강제로 끌어내린 것이다. 통화 가치를 절하하면, 어떤 이점이 있을까? 물론 환율이 세다는 건 세계무대에서의 힘과 권력을 상징하며, 자신감의 표출이기도 하다. 하지만 중국은 전능한 달러의 왕좌를 빼앗아 초강대국으로서의 입지를 완성하려 애쓰지 않는다. 왜일까?

위안화 환율이 높아지면, 중국 제품은 더 이상 값싸게 여겨지지 않을 것이다.

다시 말해, 로렌에게 월마트에서 파는 중국산 라디오는 더 이상 싸지 않다. 위안화로는 같은 값이어도, 달러로는 더 비싸졌을 테니 말이다. 저렴한 가격이라는 요소가 없다면, 중국산 제품의 매력은 반감된다. 단돈 몇 달러만 더 비쌌어도, 로렌은 라디오를 카트에 담지 않았을지 모른다. 미국산 라디오와 가격 차이가 거의 나지 않을지 모르고, 심지어 일본이나 한국산 라디오가 더 쌀지 모른다. 중국 제조업체는 타격을 입었을 것이고, 이는 중국한테도 손해다.

그 많던 호랑이들은 모두 어디로 갔을까?

중국이 번영하는 경제 대국이 되기 위한 선택한 티켓은 이것이다. 전 세계에 물건들을 팔아치우고, 전 세계인들의 수입을 자기 대륙으로 손쉽게 가져오는 것! 그러기 위해 중국 중앙은행은 위안화 가치를 절하해서 소비자들이 거부할 수 없을 정도로 값싼 수출품을 공급하기 위해 전력을 다해왔다. 환율을 낮추면 수출품 가격이 싸진다. 거꾸로 수입품은 비싸지기 때문에, 자국민들에게는 국산품 애용의 당위성을 설득하기 쉽다. 게다가 달러가 강세를 유지하는 이상, 미국 수출업자들의 제품은 가격 경쟁력을 상실하므로 지속적으로 성장률을 약화시킬 수 있다.

통화 가치를 일정하게 통제한다는 것은 자국의 통화를 절하해 경쟁우위를 빼앗을 수 있을 뿐 아니라, 확실성과 안정성을 보장해준다는 장점이 있다. 기업이나 소비자나, 매장에서 판매될 제품의 가격이 얼마일지 정확히 안다. 앞으로도 크게 변동되지 않을 것임을 알기에, 투자와 소비 가능성이 더 높아진다.

중국은 달러화 가치를 계속 높은 수준으로 유지하는 데 관심이 있다. 심지어 계속해서 더 높게 만들고 싶어 한다. 그렇게 하면 수출로 꾸준히 모아온 외환보유액의 가치도 자연히 높아진다. 결국 중국의 부富, 더 정확히 말하면 중국 정부의 부가 늘어난다.

통화 관리 덕택에 중국이 새로운 전기를 맞게 되었다면, 경쟁국들은 왜 이 방법을 따라 하지 않을까? 물론 하지 않은 것은 아니다. 여전히 전 세계 국가의 절반가량은 어느 정도 환율 통제 전략을 활용한다. 하지만 모든 나라가 그렇게 할 수 있는 건 아니다. 중앙은행과 자국의 가계가 그 대가를 치러야 하기 때문이다. 통화 가치가 낮으면 저렴한 가격 덕에 수출이 쉬워지지만, 해외에서 들여오는 수입품 가격은 훨씬 비싸진다. 식량 대부분을 수입해야 하는 나라라면, 극심한 타격을 입을 수도 있다. 환율이 올라가는 건 기업 입장에선 희소식이지만, 가계 경제에는 불리하다.

그래도 고정 환율제는 좀 과도하고 위험한 정책일지 모른다. 중국이 그 폐해를 학습하기 위해 멀리까지 갈 필요도 없다. 1990년대 아시아에는 전 세계로부터 주목 받는 여러 나라가 있었다. 태국, 한국, 인도네시아는 차세대 주자인 아시아의 호랑이들이라 불렸다. 수출 호황을 누리면서 경제가 급속도로 성장했다. 전 세계 투자자들은 한몫 차지하려 이 새로운 골드러시에 가세했고, 태국 바트화에 대한 수요가 비정상적으로 증가했다. 하지만 이내 태국 경제의 가능성에 의문이 제기됐고, 투자 열기가 급속히 식으면서 자금이 갑자기 빠져나갔다. 고정 환율제를 채택했던 태국은 달러 대비 바트화 가치를 유지하기 위해 막대한 외환을 동원해야 했다. 하지만 결국 시장의 공격을 버티지 못하고 손을 들고 말았다. 이렇듯 통화와 주식시장에 불어 닥친 충격파는 태국, 인도네시아, 한국 등 아시아 전반으로 확대되어, 연쇄 금융 위기를 초래했다. 이러한 도미노 효과는 아시아의 다른 호랑이들뿐 아니라 일본 경제까지도 경색시켰다. 고정 환율을 유지하는 일에는 막대한 비용이 들며, 예측하기 힘든 경제적 파급을 가져온다.

자국 통화가 인위적인 개입 없이 자유롭게 변동하도록 놔두는 편이 더 쉽다고 여기는 국가들이 많은데, 이러한 방식은 실제 경제 전반에 도움이 되기도 한다. 일례로 미국 수출 수요가 줄어들면 달러 수요도 줄어들고 자연히 환율도 떨어진다. 그렇게 되면 다시 미국 수출품의 가격이 매력적으로 여겨져서, 수요를 자극하게 된다. 변동 환율은 무역을 위한 일종의 자동 충격흡수 장치인 셈이다. 물론 이 역시 어디까지나 이론상 그렇다. 실제로 이렇게 작동하려면 가격 변동에 따라 수출·수입 수요가 즉각적인 반응을 보여야 하는데, 항상 그렇지는 않다는 게 문제다.

환율 변동 허용을 기본 원칙으로 하는 국가 입장에서 중국은 반칙 집단이다. 특히 미국 정치인들은 수년간 중국이 환율을 인위적으로 낮춰 수출에서 유리한 입지를 차지했다며 맹공을 퍼부었다. 미국 업체들이 중국 업체와의 경쟁에서 살아남을 방도가 없다고 말이다. 주범은 중국 중앙은행으로, 자국 제품을 띄우기 위해 극단의 통제를 한다. 세계 주요 언론 헤드라인에 비난이 쇄도했다. 중국은 '환율 조작국' 즉 불공정 무역의 주범으로 인식됐다. 대통령을 위시로 고위급 정치인들이 이 아시아의 거인을 일컬어 미국에 '위해'를 가하려고 '전 방위적 통화 전쟁'을 벌이는 '속임수' 국가라고 공격했다.

미국뿐 아니라 여러 아시아 국가들 역시 중국 때문에 불이익을 당했다고 여긴다. 일본이나 다른 국가들도 환율을 조작해온 혐의를 받곤 있지만, 중국처럼 극단적이진 않았다. 중국은 저가로 제품을 판매해 무역수지 적자폭을 늘이는 방식으로, 거래처들을 훔쳐갔다. 비난이 거세지자, 최근 들어 중국은 아주 조금 통제의 고삐를 풀었다. 그래도 여전히 위안화 가치는 달러 당 6.5~7위안 선으로, 10년 전과 거의 비슷한 수준이다. 그 덕에 중국 제조업체는 여전히 경쟁에서 우위를 점한다.

중국이 이토록 오래 자국 통화를 강박적으로 통제해온 이유는 분명해졌다. 그동안 벌어들인 수조 달러에 달하는 외환에 집착했기 때문이다. 그리고 그 달러는 첸팡 스트리트 지하의 어디 매트리스 밑에 숨겨져 있는 게 아니다. 다름 아닌, 중국의 미래를 위해 투자되었다.

세계 제일의 갑부, 중국이 사고 싶은 것들

액수에 구애 받지 않는다면, 당신은 뭘 사고 싶은가? 수백만 달러(수십억 원)가 있다면 말이다. 근사한 휴양지의 별장? 한적한 열대의 섬? 전용기나 요트?

그보다 훨씬 더 돈이 많다면, 무슨 일을 하고 싶은가? 세계의 빈곤이나 질병을 종식시키는 일은 어떨까. 마이크로소프트 설립자 빌 게이츠는 '말라리아 정복'을 목표로 사재 1천억 달러(120조 원)가량을 자선 사업에 퍼부었다. 돈이 아주 많다면, 그런 대단한 일도 해낼 수 있다.

그렇다면 중국만큼이나 현금이 많다면, 뭘 더 할 수 있을까? 세계 지배는 어떨까. 솔깃하지 않은가? 돈이면 권력도 살 수 있다. 동맹이든 적이든 내 편으로 만들 수도 있다. 물론 무작정 돈만 퍼부어선 안 될 것이다. 머리를 써야 한다. 중국처럼 아주 창조적으로 말이다.

앞서 말한 대로 수출업체가 벌어들인 달러는 중국공상은행에 예치된다. 업체는 그 돈을 어떻게 벌었는지 증빙 서류도 같이 제출해야 한다. 깔끔한 슈트 차림에 금테 안경을 쓴 이후이만Yi Huiman 회장은 은행 임원 자리에 어울리는 풍모다. 중국이 거둬들이는 막대한 수출 실적은 이 은행 규모가 세계 최대인 이유를 설명해준다. 그리고 그곳의 곳간 열쇠는 이후이만이 쥐고 있다. 그는 비교적 최근인 2016년부터 회장직을 맡고 있지만, 이곳에서 30여 년 일하면서 은행 자산이 기하급수적으로 늘어나는 현장을 지켜봤다.

그동안 흘러들어온 달러를 가지고 그는 무엇을 할까? 사실 중국에선 선택의 여지가 별로 없다. 그 돈을 중앙은행에 보내고, 중앙은행이 정한 환율에 따라 위안화로 환전해야 한다. 수출업체는 위안화를 받고, 달러는 중앙은행이 챙긴다. 중앙은행은 국가외환관리국State Administration of Foreign Exchange, SAFE에

이 달러를 넘긴다. 여담이지만, 이 기관의 약자 SAFE는 정말이 지 참 잘 어울리는 듯하다. 그렇다면 SAFE에서는 이 돈을 가지 고 뭘 할까?

겸손한 저축액의 예금주든, 돈더미에서 허우적대는 SAFE든, 은행에 돈을 얌전히 넣어두는 건 어리석은 행동이라는 걸 잘 안 다. 물가가 오르면 돈의 가치는 떨어지기 때문에, 실제로는 가만 히 있는 게 아니라 실질가치가 하락하는 셈이다. 그러니 어떻게 든 돈을 활용하는 편이 이득이다.

돈으로 행복을 살 순 없을지 몰라도, 선택권은 살 수 있다. 돈 이 많으면 선택의 폭도 넓어진다. 현금을 많이 가진 투자자에게 는 간택을 기다리는 길고 다양한 메뉴가 주어진다. 물론 뭘 선택 할지는 예산이 얼마며 취향이 어떤지, 식욕은 얼마나 왕성한지 에 달려 있지만 말이다.

즉각적으로 맛을 볼 수 있지만 그만큼 리스크도 큰 '패스트푸 드'를 선택해도 된다. 기업 지분인 주식은 말하자면, 투자계의 프 라이드치킨이다. 주식을 사면 기업 지분을 소유함과 동시에 영 향력을 행사하거나 투표권을 얻을 수도 있다. 영향력을 최대한 발휘하고 싶다면, 최대한 많은 주식을 매입해 지분을 늘린다. 권 력은 필요 없고 대가만 받고 싶다면, 적은 지분으로 배당을 받거 나 주가가 오른 뒤 매각해 맛난 보너스를 챙겨도 된다. 물론 주가 가 폭락해 씁쓸한 뒷맛만 남길 수도 있겠지만.

짜릿한 맛은 덜해도 뭉근한 고전 요리 쪽이 취향이라면, 국채는 안전한 선택이다. 정부는 채권을 발행해 부족한 세원을 벌충한다. 채권 매입은 일종의 대출이라고 보면 된다. 정부가 발행한 종이, 즉 채권을 사면 여기에 이자가 붙는다. 대출 기간이 만료되면 원금은 돌려받는다. 채권은 리스크가 적지만 수익률도 낮다. 정부는 대체로 돈을 잘 갚기 때문에, 지루하긴 하지만 안전한 선택이다.

'오늘의 스페셜' 요리도 있다. 심혈을 기울인 호화 요리다. 하지만 미리 주문해둬야 하고 돈도 미리 내야 한다. 건설 분야 프로젝트 파이낸싱 같은 장기 투자가 그것이다. 투자자는 불투명한 성공 가능성에 기대어, 결과가 나오기를 기다려야 한다. 결과가 기대를 배신하기도 한다. 리스크가 항시 존재한다.

중국 중앙은행과 리스크는 어울리지 않는 조합이다. 그러니 장기적인 게임을 벌이는 편이 일반적이다. 중앙은행에서 정책을 지시하는 저우샤오촨 같은 지휘자들은 달러를 쉽사리 풀지 않는다. 중국 정부는 세계의 조립라인이 되어 어렵사리 얻은 부로 거액의 달러를 움켜쥐었고, 여전히 성공에 대해 매우 보수적인 태도를 견지한다.

이들은 이제껏 모은 막대한 달러를 다시 미국으로 보내는 것이 최선이라고 판단했다. 미국이 발행하는 재무부 채권의 최대 구매자는 바로 중국이다. 중국은 이 고전 요리를 오랜 세월 주문해온 일본 같은 국가에 부러움을 느껴왔다. 그리고 이제 중국도 같은 음식을 먹을 수 있게 됐다.

리스크가 적은 대신 수익도 작지만, 3조 달러(3,500조 원)나 채권을 보유하면 단 1퍼센트 이자라도 큰 액수가 된다. 게다가 현금이 필요할 땐 쉽게 팔아치울 수 있다. 세계에서 가장 큰 민주 국가 정부는 꽤 안전한 투자 대상으로 보인다. 리스크도 적고 수익률도 나쁘지 않으며 환금성도 좋다. 그러니 중국이 그렇게 막대한 돈을 투자하는 게 그리 놀랄 일은 아닐지 모른다.

물론 이 결정에는 재무 플랜 이상의 뭔가가 있다. 왜 미국인가, 그리고 미국 달러인가? 여기에 전략적 동기가 있다는 말이다.

기축통화, 브레턴우즈, IMF, 그리고…

달러는 어떻게 최고의 화폐가 되었을까?

1944년 뉴햄프셔 산악지대의 한 호텔에서 그 일은 시작되었다. 그곳에서 국제 금융 안정을 꾀하는 회의가 열렸는데, 지명을 따서 브레턴우즈Bretton Woods 협정이라 부른다. 미국 관리들이 주도한 이 회의에서 달러는 세계 표준 준비통화로 지정됐다.

국가 간 무역 대금을 결제할 때, 공식통화로 달러가 쓰인다는 의미다. 그 이유로 모든 나라들이 달러를 탐내게 됐고, 거의 모든 통화 가치가 달러와 연계되어 설정되거나 고정되어 통용된다. 물론 달러 가치 역시 금 본위, 즉 금의 가치를 기준으로 정해진다. 이것이 바로 금 본위의 달러 표준 국제 금융 시스템의 탄생이다.

이러한 엄격한 시스템에 혼란이 가해지지 않도록 자금 이전은 철저히 통제된다. 미국이 발행하는 달러 총액과 흐름을 감시하는 국제통화기금International Monetary Fund, IMF도 이때 설립됐다. 국제 금융 시스템의 안정성을 확보하기 위함이다. 하지만 시스템은 제대로 기능하지 않았다.

통화 통제와 고정 환율은 1970년대 초에 들어 대부분 무력화되었다. 경제 규모가 커지고 무역의 양상이 다변화되면서, 통화 가격을 안정화한다는 시도는 불가능할 정도로 복잡하고 비용이 많이 든다는 사실이 입증되었다. 그런 시스템은 지속가능하지 않다. 25년 뒤 태국이 경험할 금융 위기처럼 말이다.

물론 하나 남은 것은 있다. 달러는 여전히 최고의 준비통화로 세계 각국 중앙은행들이 보유한 현금의 70퍼센트를 차지하며, 교역에 사용하는 표준 지불통화다. 달러가 여전히 왕좌를 차지하고 있기에, 미국 국채 역시 가장 명망 있고 안전한 채권으로 간주되는 것이다. 하지만 중국의 위상이 커지면서 위안화가 달러를 밀어내고 그 지위를 차지할 수도 있다는 예측도 나온다. 중국은 미국 채권을 보유함으로써 안전하고 안정적인 수입을 추가해 그들의 영향력을 확대해간다. 미국에 대한 통제력도 발휘할 수 있다.

다른 각도로 한 번 보자. 미국 소비자가 지속적으로 값싼 중국 제품을 사들인다. 그 돈으로 중국 정부는 미국 재무부 채권을 사들인다. 그 돈으로 미국 정부는 학교도 짓고 노인들에게 연금도 시급하고 군인들에게 급료도 준다. 이렇게 미국 경제에 현금이 계속 들어오는 덕에 소비자들은 다시 중국 제품을 쇼핑할 수 있다. 결국 중국이 미국 정부에 대출을 해줌으로써 미국인들에게 쇼핑 자금을 대주는 셈이다. 미국인이 계속 돈을 쓰고 청구서는 중국이 갚아준다. 물론 그런 과정이 반복되면 중국은 미국의 사채업자가 되는 셈이겠지만.

미국은 왜 그렇게 채권을 많이 발행할까? 사실 선택의 여지가 별로 없다. 대규모 군사 작전, 고령화로 인한 연금과 건강보험 수요, 재정 위기……, 돈 들어갈 곳 천지다. 물론 미국도 대차대조표를 맞추고 세수로 모든 비용을 충당하고 싶다. 하지만 그게 불가능하다보니 대출에 의존해야 했고, 빚은 점점 늘었다. 채권 발행은 은행 대출보다 싼 이자로 돈을 빌릴 수 있는 유일한 방법이다. 게다가 세계에 그 채권을 원하는 이들은 중국 말고도 많다.

달러를 발행하는 것도, 그걸 사용하는 것도 미국이지만, 엄밀히 말해 그 달러가 미국 것이냐 아니면 중국 정부 것이냐는 논쟁의 여지가 있다.

미국인이 주택 대출금을 갚을 수 있는 것 역시 어찌 보면 중국 덕택이다. 어째서냐고? 미국 채권에 대한 수요가 많으면 채권 가격이 오르고, 미국 정부는 이자를 덜 내도 된다. 물론 채권을 산 중국은 수익률이 낮아진다. 이는 미국 내 금리에도 영향을 주어, 주택 대출금 금리도 낮아진다. 값싼 중국산 제품이 물가를 낮게 유지시켜주니까, 이 역시 금리를 낮게 유지하는 데 도움이 된다.

물론 미국인들은 내가 번 달러를 내가 지불해서 내 이웃이 임금을 받는 것이라고 항변할지 모른다. 하지만 그들의 구매, 소득, 물가, 금리 등 재무 상태를 결정하는 주요 요소들이 수천 킬로미터 떨어진 중국의 영향 아래 놓여 있다는 걸 간과해선 안 된다.

그럼 미국이 위험에 처한 건 아닐까? 중국이 작심하고 미국 채권을 내다팔면 어떻게 될까? 중국이 미국 경제의 돈줄을 쥐고 있기에, 중국은 미국 경제를 인질 삼아 횡포를 부릴 수 있을까?

중국은 2016년 무려 1,880억 달러(220조 원)어치의 채권을 매각했다. 중국에 대한 적대감을 숨기지 않았던 트럼프가 막 대통령에 당선됐을 때의 일이다. 언론사들은 발 빠르게 '미국의 최대 채권자가 트럼프에 대한 경고의 의미로 채권을 매각했다'고 헤드라인을 달았다. 하지만 중국이 매각한 채권은 손쉽게 새 주인을 찾았다. 0이 8~9개나 붙은 어마어마한 액수의 채권 주인이 바뀌었지만, 미국인들의 생활은 아무 지장 없이 평화롭게 이어졌다.

미국의 부채가 너무 비대해진 것에 대한 우려는 당연히 존재한다. 미국은 자국 채권의 인기가 높아진 데 고무돼서, 정신없이 돈을 차입했다. 다행히 중국뿐 아니라 전 세계에서 미국 채권의 인기는 식지 않았다. 일본은 전통적인 오랜 고객이다. 2016년 일본은 다시 중국을 제치고 이 종잇조각을 가장 많이 수집한 나라로 올라섰다. 그 뒤를 바짝 좇는 나라는 강대국과는 거리가 먼 곳이다. 2016년 기준으로 아일랜드가 약 2,300억 달러(270조 원)

어치의 미국 채권을 보유하고 있다. 그보다 더 눈길을 끄는 건 케이맨 제도인데, 고작 6만 명이 거주하는 카리브 해의 작은 섬나라는 미국 채권 약 2,650억 달러(312조 원)어치를 갖고 있다. 두 나라 모두 중앙은행이 아닌 기업들이 채권을 보유한다. 두 국가 모두 관대한 세금 규정 덕에 헤지펀드나 금융기관의 조세 피난처로 유명하다. 금융권에서 제일 많은 돈을 굴리는 이들도 미국 재무부 채권 같은 안전한 곳에 분산투자를 선호한다.

국가의 부富, GDP 높이는 공식은 따로 있다?

왜 투자의 방향은 중국에서 미국으로 일방적이기만 할까? 중국이나 일본 역시 다른 나라들처럼 자국 국채를 발행한다. 하지만 중국의 경우 약 9조 달러(1경 600조 원) 규모의 자국 채권의 외국인 소유를 금해왔다. 중국 정부는 해외 자금 유치를 위한 자금시장 개방이 이뤄진 2017년 7월 외국인에 대한 국채 판매를 허용하기 전까지, 남에게 통제권을 넘겨줄 의사가 전혀 없었다. 개방 조치 이후 세계 강대국 역학관계에 모종의 변화가 일어날지도 모르는 일이다.

　비록 미국과 중국은 매우 불균형한 의존관계를 형성하고 있지만, 중국이 일방적으로 미국을 인질 삼을 수 있는 상황은 아니다. 미국 채권의 영향력과 안전성을 선호하기에, 언제라도 그 자리를 차지하기 위해 기다리는 나라들이 많다. 그런 상황은 세계가 얼마나 긴밀히 연결돼 있는지를 잘 보여준다. 미국 고객들이 중국 선전에 있는 제조업체의 앞날을 좌우하듯, 베이징이나 도쿄의 중앙은행장 역시 월마트 매장에 드나드는 이들의 미래에 영향을 미친다.

중국은 달러를 계속 모으면서, 엄청난 부와 함께 국경 너머로의 영향력까지 얻었다. 돈이 많으면 많을수록 권력은 커진다. 물론 베트남이나 한국 같은 국가가 중국의 수출경쟁력을 갉아먹으려 애쓰는 사이 판세는 계속 뒤바뀔 것이다.

중국 역시 여러 위험에 직면해 있다. 미국이 자국의 채권을 너무 많이 쥐고 있는 중국에 위협을 느낀다면, 중국은 자국의 상품시장을 미국과 달러에 지나치게 의존하고 있기에 위협을 느낀다. 과도한 달러 의존으로, 언제든 취약해지기 쉬운 구조다. 모든 국가가 직면한 향후 성장 동력과 관련된 위기의식이 존재한다.

도대체 성장이란 무엇이며, 어떻게 해야 가능하단 말인가. 경제 성장의 척도는 국내총생산Gross Domestic Product, GDP이다. GDP란 1년 동안 한 국가가 생산한 모든 물자의 총합이다. 국가 소유냐 개인 소유냐 관계없이 모든 곳에서 생산되는 것을 합한다. GDP를 측정하는 방법에는 세 가지가 있는데, 지출 총액 합산, 생산 총액 합산, 국민 수입 합산이 그것이다. 그러므로 GDP를 올리고 국가를 부강하게 만드는 방법은 여러 가지다. 마치 일란성 세쌍둥이처럼, 어느 방법이 더 우월하다고 할 수는 없지만 조금씩 다르다. 게다가 합산의 범위가 넓기에 어느 정도 오차는 불가피하다.

중국은 그동안 생산, 특히 제조업에 주력해왔다. 제품을 많이 생산하는 건 아무 문제가 없는 일이지만, 어디까지나 사줄 사람이 있어야 한다. 소득 증가로 내수시장의 구매력도 높아졌지만, 달러를 쥐고 있는 미국 시장에 비하면 내수시장의 영향력은 여전히 미약하다. 그러므로 부지런히 미국 소비자들을 유혹해야 한다. 그들은 여전히 더 많은 제품을 살 여력이 있고 고가의 물건도 마음껏 사들인다.

중국 속담처럼 '물은 배를 띄우기도 하지만, 배를 뒤집기도 한다.' 외국 소비자에게 자국의 운을 거는 건 마치 양날의 검을 휘두르는 것처럼 위태로운 전략이다. 수출 수요가 사라지면 어떻게 될까? 2008년 금융 위기 여파로 2008년 10월부터 2009년 3월 사이 세계 무역량이 급감했다. 종전에 6개가 팔렸다면 5개만 팔리는 식이었다. 특히 위기의 진앙인 미국의 수요가 크게 위축되었다. 중국 정부는 여기서 큰 교훈을 얻었다. 미국 국민들이 월급날마다 늘 펑펑 돈을 쓰지 못할 수도 있다는 걸 배운 것이다.

훈풍이 불 때 중국에는 우후죽순 격으로 공장이 생겨났다. 제철소도 잘 돌아갔다. 심지어 팔리는 것보다 더 많이 생산하게 됐다. 중국의 산업구조 특성 상 대다수가 국영기업으로, 경기가 부진해지면 비용만 많이 드는 골칫거리 회사와 팔리지 않는 제품을 국가가 모두 떠안아야 한다. 성장의 불길이 쉼 없이 타오르게 하려면 가까운 곳에서도 땔감을 구해야 한다. 중국 정부는 이제 내수를 진작해야 할 때라고 판단했다.

중국 정부는 중국인들이 미국인들처럼 행동하길 원한다. 꼭 필요한 물건만이 아니라 사치를 부리는 데도 돈을 쓰길 말이다. 경제 성장을 견인하는 것은 그런 지출이다. 많은 중국 가계가 불가피한 지출까지 감당할 만큼 충분히 성장했다. 꺼내 쓸 거대한 비축고도 있다. 중국의 가계 총수입은 연간 약 5조 달러(5,900조 원) 정도 된다.

중국 앞으로 헤쳐모여! 일대일로 계획

중국 정부와 국민의 마인드가 크게 변하면서 2016년 상반기에 이르러 전체 성장 중 3/4가량이 내수를 통해 이뤄졌다. 미국에 값싼 물건을 팔아치워 달러를 벌어들이려는 경쟁은 뒷전으로 밀린 듯 보인다.

소득이 늘자, 해외 프리미엄 브랜드들이 중국에 속속 진출했다. 박스오피스 수입은 불과 1년 전에 비해 50퍼센트나 급증했다. 해외여행이 인기를 끌면서, 2019년 기준 1억 5천만 명 이상이 국경을 넘은 것으로 조사됐다. 중국은 이제 세계 최대의 자동차 생산국이다. 소비의 상징이라 할 SUV 차량이 대부분이다. 2015년부터는 서비스 부문의 경제 생산량이 전체의 절반을 넘어섰다.

　중국이 새로운 욕망에 눈을 뜨는 일은 미국에도 도움이 된다. 하지만 미시간 플린트에는 아니다. 중국은 미국을 상대로 매년 약 3천 억 달러(250조 원) 이상의 무역 흑자를 기록한다. 국가와 국가 사이의 수출과 수입 격차를 '무역수지'라고 하는데, 대부분 눈에 보이고 쉽게 계산 가능한 물리적 제품이 여기 포함된다. 서비스 영역에 해당하는 상품들의 경우 이 수치에 포함되지 않는 경우가 많다. 대표적인 것이 할리우드 영화 산업이다. 중국은 쿼터제를 실시하기 때문에 매년 34편의 해외 영화만 스크린에 걸 수 있다. 하지만 미국 최대 흥행작뿐 아니라 미국에서 실패한 영화까지도 꾸준히 중국 박스오피스 상위권을 기록한다. 중국 내 매출액이 자국 매출액을 추월하는 건 시간문제다. 소득이 늘어난 중국인들이 미국 여행에 쏟아 부은 돈은 2015년 기준 약 2,500억 달러(300조 원)에 달한다. 교육, 소프트웨어, 금융이나 기타 분야를 합하면, 중국은 미국 서비스 수입국 중 4위다. 서비스 분야에서 미국은 2016년에만 370억 달러(44조 원)의 흑자를 기록했다. 물론 모든 수입과 지출을 합한 경상수지 부문에서 중국은 여전히 흑자를 기록한다.

　그러나 대부분의 경제 수치는 100퍼센트 정확하지 않다는 걸 알아야 한다. 전 세계 무역수지는 플러스마이너스 제로가 되어야 하지만, 흥미롭게도 실제론 그렇지 않다. IMF 통계에 의하면, 2015년 세계 경상수지는 2,500억 달러(300조 원) 흑자를 기록했다. 우주 어디선가 지구 제품을 왕창 사들인 게 아니라면, 말도 안 되는 수치다. 자동차나 라디오 같은 실물 선적 기록은 비교적 합산이 쉬운 반면, 서비스 부문은 정확한 산출이 힘들다. 그래서 무역수지에는 항상 오류가 있다.

국산을 쓰든 수입을 쓰든, 이제 중국 부유층과 중산층들은 미국인들처럼 돈을 쓰기 시작했다. 부유층의 자산 규모는 정확한 측정조차 어려운데, 중국처럼 통계가 불투명한 나라에서는 더욱 그렇다. 2016년 기준으로 중국의 백만장자(자산 300억 이상)는 150만 명을 상회하는 것으로 추산된다.

슈퍼 리치는 몇이나 될까? 스위스연방은행이 추산한 바에 의하면, 2019년 현재 중국에는 약 436명의 억만장자(자산 1조 원 이상)가 있다. 중국이 세계 경제를 변화시키고 있다는 증거다. 자수성가한 여성 억만장자 셋 중 둘은 중국 출신이다. 세계 최고 수준의 부자는 아직 적지만, 전체 인구 중 슈퍼 리치 비중은 점점 커지고 있으며, 그들이 미치는 영향 역시 명확하다. 프라다, 버버리, 샤넬에 이르기까지 전체 명품 매출의 1/3이 중국에서 나온다.

신흥 부자들이 명품 시계와 가방에 빠져 있는 동안, 중국의 성장 동력에 빨간불이 켜질 수도 있다. 2010년부터 부실채권 규모가 급격히 증가했는데, 이는 2008년 글로벌 금융 위기 이후 미국과 유럽의 장악력이 약해진 것과 유사한 상황이다. 전 세계 경제평론가들은 중국이 서구의 성공은 본받은 반면 그들의 실패를 반면교사 삼지 않을까봐 우려한다.

리스크는 차치하더라도, 중국의 경제 성장은 중국이 다른 국가의 시장이 되어가는 모습을 분명히 보여준다. 하지만 중국은 아직 배가 고프다. 그들의 야망을 채우기엔 내수시장은 성에 차지 않는다. 여전히 엄청난 달러를 벌어들이며 새로운 권력을 꿈꾼다. 주식이나 채권보다 더 큰 경제적 보상을 안겨줄 운동장을 찾아나서는 이유다. 자국 국민에게 새로운 일자리와 비즈니스 기회를 선사할 만한, 현재의 수요가 줄어도 공장 기계를 계속 돌리고 제품을 팔아치울 만한, 새로운 기회 말이다.

외국 기업들이 중국에 사무실을 내고 공장을 세워 큰돈을 버는 모습을 이들은 오랜 세월 지켜봐왔다. 중국은 이제 자신들이 그 위치에 오르길 바란다. 그러기 위해선 다른 지역으로 눈길을 돌려야 한다. 과감히 행동을 취할 때다.

세계 무역을 연결하는 힘 있는 주체, 이는 중국에게 낯선 역할이 아니다. 2천여 년 전 중국 한나라 때 서역과 동양을 잇는 실크로드를 만든 그들 아닌가. 시진핑 주석은 중국의 힘을 굳건히 하기 위한 뉴 실크로드 전략, 이른바 일대일로一帶一路의 청사진을 공개했다. 그는 평화와 포용, 자유무역의 길을 개척하고, 구시대적 무역전쟁을 혁파하고 새로운 형태의 경제외교를 도입하기 위한 것이라 주장한다.

중국의 막대한 자금을 이용해서 '동남아시아-중앙아시아-중동-아프리카-유럽'을 연결하는 '도로, 철도, 항만, 발전소, 연료

파이프라인 네트워크'를 구축하는 데 역점을 둔 계획이다.

중국은 세계를 연결하는 새로운 기회의 다리를 건설하려는 것일까, 아니면 자신들의 부를 이용해 세계를 장악하려는 음모를 펼치는 것일까?

먼 여정이 늘 그렇듯, 흥분과 위험으로 가득 찬 모험이다. 중국으로서도 큰 모험이지만, 그들은 그것을 기꺼이 받아들인다. 우리의 1달러는 베이징 금융가의 금고에 갇혀 있을 운명이 아니다. 무려 7개 시간대를 지나, 아프리카 나이지리아로 향하는 1달러의 여행이 시작된다.

그러니 눈을 크게 뜨고 올라타기 바란다. 이번 1달러의 여행은 기차 여행이 될 것이다.

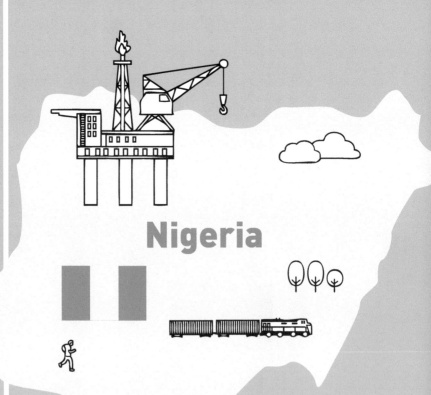

Nigeria

나이지리아에 도착한 1달러
세계를 먹여 살릴 젊은 피, 아프리카와 친해지기

THE
ALMIGHTY
DOLLAR

Finding love in the Niger Delta
China to Nigeria

고대 항구도시 칼라바르Calabar는 나이지리아 남동쪽에 있다. 목가적이고 평화로운 이곳에는 식물원, 박물관, 야생동물 보호구역 등이 있지만, 그 예쁜 겉모습 뒤에는 어두운 역사가 감춰져 있다. 17세기부터 19세기까지, 인신매매의 핵심 거점이자 악명 높은 노예 거래 항구였기 때문이다. 칼라바르 노예 박물관에는 그 추악한 과거가 기록되어 있다. 하지만 오늘날 칼라바르는 관광과 향락의 중심지가 되려고 애쓴다. 매년 열리는 카니발은 '아프리카에서 가장 규모가 큰 거리축제'로 각광 받는다.

베이징에서 무려 11,162킬로미터나 떨어진 이 칼라바르는 중국이 달러를 투자하는 곳 중 하나다. 언뜻 보면 경솔한 선택인 듯 보일지 모른다. 하지만 중국 인민은행은 파티나 하고 햇

볕이나 쬐러 여기 오는 게 아니다. 이들은 달러를 투자하고 그 대가로 현금 수익뿐 아니라 권력까지도 회수해간다. 엄밀한 투자 결정에 의한 선택인 셈이다.

아프리카 가보셨나, 펄떡이는 기회의 땅에?

1달러가 도착한 곳은 사하라 사막이 넓게 펼쳐진 아프리카의 서쪽 아래, 나이지리아다. 왜 이곳일까? 미국 소비자가 지출하고 중국 공장이 접수해서 중앙은행에 고이 보관되어 있던 1달러는 왜 이 먼 아프리카로까지 날아온 것일까?

다른 나라가 이곳에 눈독을 들인 건 어제오늘 일이 아니다. 18세기 서구 열강 역시 서아프리카 진출의 교두보로 나이지리아에 관심을 가졌다. 물자를 실어 나르기에 최적이기 때문이다. 당시에 물자란 인간 노예를 뜻했다. 칼라바르는 다른 이유로 다시 한 번 세계 무역의 중심으로 떠오르고 있다.

나이지리아의 금융 수도인 라고스Lagos에서 무려 800킬로미터나 떨어진 이곳에 중국이 막대한 달러를 투자하는 데는 이유가 있다. 나이지리아는 2014년에 라고스와 칼라바르를 잇는 해안철도 건설을 위해, 중국 철도건설공사와 120억 달러(14조 원) 규모의 계약을 체결했다. 공사 대금은 중국으로부터 차관 형태로 조달된다. 즉 중국공상은행 금고에서 나온 돈, 그러니까 선전의 수출업체가 미국에서 벌어들인 달러가 여기 투입된다.

철도 건설은 단지 편리한 해안 이동로 확보만을 위한 게 아니다. 22개 역은 나이지리아 36개 주 가운데 10개를 관통하는데, 여기서 핵심은 니제르 델타 지역이다. 이 삼각주 지역은 나이지리아 석유 주산지로, 2016년에만 하루 최대 200만 배럴이 채굴됐다. 엄청난 양이다. 사우디나 캐나다 같은 세계 10대 산유국에 포함될 만큼은 아니지만, 나이지리아 석유는 품질이 뛰어난 것으로 유명하다. 지구상에서 가장 높은 등급의 원유로, 자동차와 비행기 연료로 적합하다.

그러므로 이 해안 철도는 나이지리아의 경제 수도와 석유 생산지를 연결하는 루트인 셈이다. 이 건설 사업은 나이지리아를 서아프리카 최대 경제 대국으로 키우겠다는 25개년 계획 '나이지리아 비전 2020'의 일환이다. 그리고 여기에 중국의 조력은 필수불가결하다.

큰손들이 돈 굴리는 '외국인 직접투자FDI' 비법

중국은 왜 지구 반대편의 철도 건설에 달러를 투자하는 것일까? 자국과 지리적으로도 멀고 자국민에게 바로 혜택이 돌아가지도 않는 프로젝트에 왜 어마어마한 금액을 쏟아 붓느냐는 말이다.

중국은 세계화를 지향한다. 2014년 처음으로 해외 투자액이 국내 투자액을 넘어선 이래, 매년 투자액을 늘리는 추세다. 텍사스 월마트에서 벌어들인 우리의 1달러도 여기 포함된다.

중국은 해외 투자에 열을 올리는 3대 국가 중 하나로, 관심사도 매우 다양하다. 전통의 영국 축구팀 여럿이 중국 신흥 재벌의 손으로 넘어갔다. 유수의 영화 제작사, 항공티켓 비교 사이트 스카이스캐너, 뉴욕을 상징하는 호텔 월도프 아스토리아 등이 중국에 팔렸다. 그러나 이런 종류의 투자는 일종의 트로피 같은 허영의 상징에 불과하다.

중국이 심혈을 기울이는 것은 장기적이고 전략적인 투자다. 이들은 유럽의 발전소나 수도 회사의 지분을 사들이고 미국의 양로원 시스템에도 투자한다. 우리 생활에 꼭 필요한 영역에 대해 통제력을 발휘하고 돈도 벌겠다는 심산이다. 에너지나 식수 등 필수불가결한 자원, 부유하지만 고령화되어가는 서구 사회가 앞으로 더 필요로 할 서비스에 눈독을 들인다.

중국은 제조업 컨베이어벨트를 넘어서 부동산, 엔터테인먼트, 소비재, 인프라에 이르기까지 다양한 영역에 달러를 분산 투자하면서, 방대하고 다양한 야심을 드러낸다. 전문가들이 불안감을 느끼는 데는 이유가 있다. 이런 프로젝트를 '외국인 직접투자 Foreign Direct Investment, FDI'라고 하는데, 다른 국가의 기업이나 비즈니스 지분을 매입함으로써 지배력을 획득하는 형태의 투자를 의미한다.

2016년 중국은 유럽에서 인수합병에만 다른 영역보다 4배나 많은 자금을 투자했다. 유럽 전역에서 중국의 개입을 우려하는 목소리가 높아졌지만, 이는 장벽이 되지 못했다. 중국의 투자는 이른바 '뉴 실크로드'를 따라 눈에 띈다. 특히 2008년 금융 위기로 큰 타격을 입은 유럽 각국은 상당수 공공 영역에서 중국이 투자한 자금으로 급한 불을 꺼야 했다.

영국에서 신규 건설되는 발전소라든가 수도 회사 지분을 사들이는 문제는 특히나 심각한 사안이다. 이렇듯 국가의 전략적 산업, 즉 민감하고 핵심적인 영역에 대해 중국이 통제권을 갖는다면, 국가의 재정만 흔들리는 게 아니다. 경영권이 외국인에게 넘어가서 오로지 수익만 노린 나머지, 비용을 올리고 경비를 절감해 소비자나 노동자를 착취한 사례는 적지 않다. 나이지리아와 영국의 입장은 서로 다르지만, 중국의 호전적인 투자에 대해 걱정하기는 마찬가지다.

과거에는 무력을 이용한 식민 지배와 통제가 있었다면, 오늘날 새로운 형태의 식민지 세계지도는 FDI의 흐름과 맥락을 같이한다고 보아야 한다. 20세기 중반까지는 미국, 영국, 프랑스 등 서구 국가들이 통제의 주체였다. 이들 식민지 제국이 사라진 뒤, 그 자리는 석유 부자들에게 돌아갔다. 오늘날 사우디나 노르웨이 등 석유 부국의 잉여 자금인 '국부펀드'는 전 세계 곳곳에 그 손길을 뻗치고 있다.

또 하나의 큰 흐름은 노동자들이 은퇴에 대비해 모아둔 연기금이다. 급하게 써야 하는 돈도 아니고 투자를 통해 원금을 늘려야 하기 때문에, 기금 관리자는 보상이 크면서도 안전한 프로젝트에 장기적으로 투자하고 싶어 한다. 대개 가장 부유한 지역에서 가장 많은 직원을 고용한 기업이 제일 많은 기금을 보유한다. 그 최상위를 차지하는 게 일본과 미국의 공무원 연기금이다. 캐나다 교사 연기금은 나이지리아 해저 유전에 계류 케이블을 연결하는 일에까지 투자한다. 나이지리아의 운명과 한배를 탄 셈이다. 물론 대개의 연기금은 상대를 통제하는 일 따위에는 관심이 없다. 수익만 내면 그만이다.

두꺼비야 왕자님이야? 진짜배기 감별법

달러를 투자 받는 대가에는 수익뿐 아니라 권력에 대한 굴복이 포함된다. 세계적인 자금 이동 흐름을 눈여겨보아야 하는 이유는 그것이 곧 소유와 경제적 통제권의 이동을 의미하기 때문이다. 중국이 나이지리아에 투자한다는 것은 단순한 철도 건설시장 공략 이상이다. 이는 중국의 뉴 실크로드 플랜의 핵심이다. 철도는 인프라일 뿐이고, 궁극적인 목표는 아시아와 아프리카 간의 긴밀한 무역이다. 중국은 나이지리아에 철도를 건설함으로써 단기적인 수익뿐 아니라 장기적인 혜택을 얻고자 한다.

중국 철도건설공사 회장은 나이지리아 철도 건설 사업을 일컬어 '중국과 나이지리아 양자 모두에게 득이 되는 비즈니스'라고 표현한다. 중국은 철강과 기차 등 40억 달러(4조 7천억 원) 상당의 장비를 수출한다. 철도 건설은 중국 기업들에게 기회다. 제조업을 넘어 한 차원 높은 기술과 숙련도를 요하는 산업을 통해, 새로운 가치를 창출할 도약의 기회 말이다. 앞으로 이루어질 세계 곳곳의 유사 프로젝트를 독점하고자 하는 노력의 일환이기도 하다.

그 철도의 끝에서 얻고 싶은 건 결국, 나이지리아의 석유나 원자재다. 중국만 그런 게 아니다. 다른 국가들이 아프리카에 돈을 투자하는 이유 역시 대개 다이아몬드, 스마트폰 핵심부품인 코발트 등의 자원을 차지하기 위함이다.

중국 은행이 이곳 나이지리아까지 날아온 이유는 힘과 영향력을 얻기 위해서다. 중국은 나이지리아의 인프라 건설 프로젝트를 차지하기 위해, 다국적 기업이나 은행, 부유한 타국 정부와 경쟁할 필요가 거의 없었다. 나이지리아에 진출한 FDI는 대부분 영국과 네덜란드 합작기업 쉘이나 미국의 엑손모빌 같은 석유회사들이다. 나이지리아는 천연자원이 풍부한 곳이지만 투자자들은 이곳에 발을 디디기를 꺼린다. 수익은커녕 투자금마저 날릴 위험이 크다고 판단하기 때문이다.

기업이나 국가를 대리해 투자를 하는 일은 온라인으로 애인을 찾는 일과 비슷하다. 선택의 폭은 넓고, 누구나 자기만의 판단 기준이 있다. 외모, 유머감각, 가치관, 치약 뚜껑을 잘 닫는지 등의 사소한 습관에 이르기까지, 다양한 요소로 상대를 평가한다. 우선순위에 따라 점수를 매겨서, 나와 제일 잘 어울릴 만한 상대를 고른다. 투자처 역시 그렇다. 내 돈을 과감히 투자해도 될 매력 있는 상대, 나와 잘 어울릴 상대를 찾아, 가급적 오래 사이좋게 관계를 맺는다면 좋을 것이다. 하지만 어느 쪽이 두꺼비이고 어느 쪽이 왕자님인지 고르는 일에는 늘 위험과 보상이 뒤따른다.

먼 곳에서 매력적인 상대를 찾을까, 아니면 가까운 곳에서 안전한 상대를 공략할까?

프로젝트 자체가 얼마나 매력적인가?

경쟁자들도 관심 가질 만한 영역인가?

높은 수익이 보장되는가?

새로운 비즈니스 기회와 일자리가 생겨나는가?

위험성은 없는가?

정치적 기류는 어떤가?

상대 정부를 믿고 돈을 투자할 수 있는가?

투자에 해를 미칠 규정이나 법률이 생겨날 위험은 없는가?

여러 불확실성에도 불구하고 확실히 전망이 있는가?

정세가 불안해지거나 정권이 뒤집힐 위험은 없는가?

이런 주제는 투자자가 고려해야 할 수많은 사항들 중 극히 일부일 뿐이다.

신흥국에 투자할 때의 체크리스트

19세기 영국이 나이지리아에 침을 흘린 건 자원이 풍부할 뿐 아니라 공산품을 팔 만한 풍부한 시장이라고 판단했기 때문이다. 당시 유럽 각국이 속속 아프리카를 식민지로 만든 이유 역시 동일하다. 19세기가 원한 건 석유가 아니라 야자유였던 게 다르지만 말이다. 야자유로 비누도 만들고 유럽 부자들이 쓰던 기계 윤활유로도 썼다. 중국 역시 자원과 시장, 두 가지 이유로 나이지리아에 눈독을 들인다.

서구 열강은 아프리카에서 코코아, 커피, 천연 기름 등 자원을 약탈하려 애썼지만, 조직적으로 협력하는 데는 관심이 없었다. 도로나 철도 등의 인프라는 거의 구축되지 못했고, 소수의 손에 부와 권력이 독점됐다. 그 이유로 20세기 중반 식민 지배에서 벗어난 후에도 아프리카는 인종과 종교 분쟁이 끊이지 않게 되었다.

오늘날 나이지리아는 유전보다는 정치 불안, 독재, 부패, 치안 부재로 더 유명한 나라다. 그런 이유로 서구가 선호하지 않는 투자 대상이 됐고, 중국도 아직은 긴장을 늦추지 않고 있다. 나이지리아가 천연자원의 규모와 매장량 면에서 가장 주목할 만한 국가이기는 하지만, 식민지 역사와 현재의 위험, 앞으로의 잠재력 면에서 가나나 케냐를 그 자리에 넣어도 무방하다.

20세기 후반의 나이지리아는 군사 독재로 상징된다. 1999년에야 민주 정부가 탄생했지만, 여전히 불안은 곳곳에 상존한다. 공직자들의 부패와 횡령이 끊이지 않는다. 식민 시대에 그랬듯이, 유전을 둘러싼 권력과 부는 소수 엘리트층, 그리고 그들과 결탁한 외국 기업의 몫이다. 쉘, 엑손모빌, ENI, 쉐브론, 토탈 등의 석유회사들이 여기 포함된다. 2015년에 선출된 부하리 대통령이 부패를 혁파하고 경제 개혁을 추진하겠다고 공약했지만, 많은 이들은 여전히 회의적이다.

세계은행이 집계한 바에 따르면 석유로 벌어들인 5달러 중 4달러는 나이지리아 상위 1퍼센트에게 집중적으로 돌아갔다. 빈곤과 정치적 불만으로 남부 지방을 중심으로 무장 소요가 끊이지 않으며, 민족 간 갈등도 지속된다. 송유관이나 석유 생산시설에 대한 테러가 빈발해, 외국계 석유회사들은 경비와 보안에 많은 돈을 투자한다. 이들 회사는 직원을 위해 요새 같은 복합시설을 지었다. 외부와 격리된 이들 시설에는 아파트, 호텔, 학교, 식당 등 모든 것이 마련돼 있다. 나이지리아 안에 있지만 별천지 같은 곳이다. 심지어 이곳에서 공항으로 가려면 무장호송차를 타야 할 정도다.

나이지리아는 여전히 매우 불평등하며, 매우 이질적인 조합으로 구성된 국가다. 인구의 절반은 무슬림으로 주로 북쪽 지방에 거주한다. 나머지는 기독교인으로, 석유가 풍부한 남쪽 지방에 거주한다. 물론 이들이라고 해서 모두 석유의 혜택을 누리는 건 아니다. 두 세력이 번갈아 정치권력을 차지하면서, 종교와 민족

간 갈등이 정치 갈등으로 이어졌다.

북쪽 지방정부는 2014년 200명 이상의 여학생을 납치해 전 세계적 공분을 샀던 보코하람Boko Haram의 위협을 받는 처지다. 이슬람 율법을 국가 통치 기반으로 하는 반군 정부 수립을 요구하는 이들의 무장 테러로 200만 명에 가까운 난민이 발생했다. 남부 지방에서는 반란군이 송유관을 공격하는 바람에 석유 생산에 큰 차질이 빚어지기도 했다. 중국은 막대한 차관을 명목으로, 자국의 군사 장비를 공급하는 한편 합동 군사훈련도 개시했다. 나이지리아 정부는 다방면으로 커다란 도전에 직면해 있다.

여기에 더해, 유가가 자주 요동치고 세금도 막대하기 때문에, 돈 많은 에너지 기업들도 나이지리아에서 사업을 하기가 점점 더 쉽지 않다고 느낀다. 하지만 중국은 예외다. 석유만 확실히 공급받을 수 있다면, 그런 문제는 얼마든지 돌파할 수 있다고 여긴다.

세계의 공장이 된 이후, 중국은 세계에서 석유 소비량이 제일 많다. 엔진을 꺼뜨리지 않으려면, 석유 공급망이 확실해야 한다. 중국의 경쟁 상대인 미국이나 유럽 일부 국가는 자체적으로 석유를 생산하거나 동맹국으로부터 확실한 공급처를 확보했다. 중국은 그런 의미에서 나이지리아의 여러 골칫거리를 애써 무시하는 듯하다. 남자친구가 질이 나쁜 건 알지만 좋은 차를 몰고 다니니 어쩔 수 없이 사귀는 모양새랄까.

중국이 나이지리아를 손쉬운 석유 공급자로 여기는 데는 또 다른 이유가 있다. 석유 인프라가 낙후돼 있기 때문이다. 정유 공장이 4개 있지만, 어느 것 하나 만족스럽지 못하다. 원유는 시추할 수 있지만, 가공은 못한다. 그래서 나이지리아는 자국 석유 수요의 80퍼센트 가량을 오히려 비싼 값을 주고 수입하는 처지다. 중국은 이렇듯 낙후된 정유시설, 송유관, 기타 시설 개보수와 건설에 800억 달러(95조 원)를 지원하겠다고 약속하고 나이지리아에 진출했다. 나이지리아에서 제일 채산성 높은 매장지의 개발권을 보장 받기 위해, 중국이 맨 앞줄에서 구애를 한 건 어찌 보면 당연한 일이다. 중국은 자국에 필요한 석유를 손쉽게 얻을뿐더러, 다른 나라에 팔아서 이익을 얻을 수 있다. 중국의 투자에 힘입어 나이지리아의 석유 생산량은 점점 늘고 있다.

앞으로도 나이지리아를 향한 중국의 애정공세는 계속될 걸로 보인다. 중국 왕이 외교부장은 2017년 '두 나라의 크기, 인구, 시장을 감안할 때, 양국의 협력은 더 깊어질 가능성이 크다.'고 강조했다. 중국은 더 많은 달러를 벌기 위해서, 기꺼이 자신들이 보유한 달러 외환보유액을 사용할 것이다.

하지만 나이지리아 역시 자신에게 구애하는 상대가 다른 데로 눈길을 돌리지 않도록 노력해야 할지 모른다. 다음번 중국의 구애 상대는 남미 어딘가가 될지 모른다는 추측이 나온다. 애초에 멕시코에 했던 제안이 거부되면서, 어부지리로 나이지리아가 지목된 것이라는 평가도 있다.

FDI는 변덕이 심한 비즈니스 영역이다. 중국은 달러를 투자할 다음 대상으로, 전혀 다른 대륙의 전혀 새로운 핫한 누군가를 점찍었을지도 모를 일이다.

돈의 흐름을 창조해내는 아프리카 투자 전략

나이지리아는 선진국이라 할 순 없지만, 사하라 이남에서는 앙골라에 이어 둘째로 많은 외화를 끌어들이는 아프리카 국가다. 주로 석유 덕택이지만, 정부 차원으로 투자 유치를 위해 공을 들이기도 한다.

에티오피아는 최근 주목 받는 투자 대상으로 떠올랐다. 석유는 없지만, 다른 매력이 많은 곳이다. 금융, 통신, 기술 등을 선도할 만한 인재가 풍부하다. 인구도 많아서 소비재 시장으로서도 유망하다. 이들 역시 나이지리아와 같은 문제를 해결해야 한다. 경제 개발로 형성된 부가 일부에 독점되지 않고 광범위한 일자리 창출 등 긍정적인 시너지로 연결되어야 한다. 즉 투자자에게 매력적인 수익원으로서만이 아니라 사업하기 좋고 정치적으로도 안정된 국가라는 인상을 심어줘야 한다. 에티오피아는 나일강 댐 건설 프로젝트에 자금을 유치하려 노력한다. 이러한 사회간접자본 사업은 외국인 투자자에게 매력적인 아이템이기도 하지만, 빈곤국이 번영할 수 있는 방편이기도 하다.

나이지리아 교통부 장관은 칼라바르 철도를 일컬어 '나이지리아 발전으로 가는 핵심 통로'라며 반색했다. 이 말은 과장이 아니다. 아무리 전 세계가 탐내는 자원이 있어도, 그걸 추출해 상품으로 만들어 이동시키지 못한다면 소용이 없다. 학교, 에너지, 통신, 교통 등 인프라는 성장으로 가는 기본 바탕이다. 특히 교통 문제는 나이지리아로서는 오랜 숙원 과제다. 21세기 초에 들어서도 철도 노선이 단 2개뿐이고, 그마저도 심하게 노후해서 기차는 거북이걸음을 해야만 했다. 도로 역시 곳곳이 파손되고 혼잡해서 제대로 구실을 하지 못했다. 새로 건설한 철도는 시속 130킬로미터로 운행되므로, 12시간 걸리던 게 절반으로 줄어든다. 정부는 새로운 철도가 자원 운송뿐 아니라 연간 5천만 명의 승객 수송 기능을 할 것으로 본다. 중국은 이 철로 신설로 20만 개의 일자리가 창출되리라 단언한다. 도시로 몰리는 인구 집중에 비해 일자리가 턱없이 모자란 이들로서는 대단히 환영할 일이다. 이들에게는 단돈 1달러가 정말 소중하다. 국민 대다수가 하루 1달러 미만의 돈으로 생활하기 때문이다.

나이지리아로서는 갈 길이 멀다. 너무도 오랫동안 석유에 의존해왔다. 한때 융성하던 코코아나 야자유 산업은 쇠퇴하고 말았다. 여전히 인구 2/3가 농업에 종사하지만, 이 분야를 발전시키기 위한 노력은 부재했다. 천연자원이 풍부한 나라인데도, 식량은 상당부분 수입에 의존한다. 철도가 연결되면 큰 도움이 될 것이다. 돈이 있다 해도 나이지리아로서는 고속 철도를 건설할 기술이 없다.

나이지리아의 인구는 약 2억 명인데, 그 중 60퍼센트가 하루 1달러 미만으로 생활하는 극빈층이다. 중국은 이들 호주머니에 돈을 넣어주는 격이다. 그리고 그것이 자신들에게도 이익이라고 생각한다. 나이지리아 역시 중국의 시장이기 때문이다. 시장에 가면 전통 앙카라 직물을 팔지만, 이 대부분이 중국에서 생산된 지 오래다. 집에서 손으로 짜던 것보다 싸지만 품질은 낮다. 중국이 만들어 팔면서 토착 생산자들은 거의 고사했다. 심지어 그들이 쓰는 공장 기계도 중국이 만든 것이다.

결국 중국은 미국에게 했던 것과 같은 전략을 나이지리아에게도 사용하는 셈이다. 돈을 대주고 산업을 발전시키고 국민들 호주머니를 든든하게 만들어서, 다시 자기들이 파는 제품을 사게 만든다. 어느 순간부터는 그 쳇바퀴에서 빠져나올 수 없게 말이다. 웃는 얼굴로 적극적인 구애를 하는 듯 보이지만, 속내는 분명하다.

중국이 이렇듯 서아프리카 국가들과 외교적 유대관계를 맺기 시작한 것은 1971년으로 거슬러 올라간다. 독재 정권이라는 이유로 서구가 외면할 동안, 중국은 오히려 동맹국 관계를 강화했다. 니제르 델타에서 반란이 일어났을 때, 나이지리아 정부에 군사 원조도 제공했다. 나이지리아는 그 보답으로 중국이 '하나의 중국 정책'으로 대만에 대한 지배권을 주장할 때 서면으로 명시적인 지지를 보냈다.

2014년 BBC가 조사한 바에 따르면, 나이지리아는 중국에 가장 우호적인 나라다. 중국이 국내 건설경기 둔화로 고심할 때, 가장 큰 액수를 주문한 나라가 바로 나이지리아다. 둘은 서로의 경제적 이익과 영향력 확대에 바탕을 둔 연합 관계다. 동화처럼, 그 후로 오랫동안 행복하게 살 수 있을지 모르겠지만 말이다.

빈곤국의 외환 전략, 쉬고 조이고 연결하라!

왜 중국은 나이지리아에 달러를 투자하는 걸까? 중국과 나이지리아가 거래하는데, 굳이 왜 달러를 써야 할까? 위안화나 나이지리아 화폐인 나이라naira를 쓰면 안 될까?

물론 달러는 글로벌 금융의 범용 화폐이자 무역과 투자를 위한 표준통화다. 달러는 그 가치를 이해하기 쉽고, 신뢰가 가능하고, 사용하기도 쉽다. 달러는 중재자로서의 역할도 한다. 하지만 나이지리아 같은 신흥국에게는 또 다른 사연이 있다.

이들은 식료품부터 직물에 이르기까지 수입 물품 대부분을 달러로 사온다. 철도와 송유관에 대한 투자를 고려하지 않더라도, 중국은 이 나라 최대의 교역국이다. 그러니 달러가 아닌 자국 통화를 사용해도 되지 않을까? 2015년 그 조치가 시행됐다. 양국 중앙은행이 대금 지불에 양국 통화를 사용하는 데 동의했다. 이것을 통화 스와프currency swap라고 하는데, 중국은 자국 통화의 위상을 높이기 위해 몇 년간 이 방식을 선호했다.

그럼 달러는 필요 없을까? 아니, 아직 아니다. 아직까지 나이지리아에 들어오는 대부분의 상품 대금은 달러로 지불해야 한다. 게다가 온갖 투자와 원조로 나이지리아에는 해마다 수십억씩 달러가 들어온다. 나이지리아 중앙은행은 중국처럼 달러를 틀어쥐고 있는 걸 좋아하는데, 달러는 언제든 잘 통용되기 때문이다.

나이지리아가 석유를 판매할 수 있게 되면서, 들어오는 달러도 많아졌다. 거래를 위해 달러는 나이지리아 화폐로 바꿔야 한다. 상당 기간 나이라 환율은 높게 유지됐다. 하지만 유가가 하락하기 시작했고, 2016년 초에 이르러서는 11년 만에 최저치를 기록했다. 당연히 나이라 수요가 줄고 환율은 하락했다. 그렇게 되면 수입품을 사기 위해 더 많은 나이라를 지불해야 한다.

다른 정부들처럼 통화 가치가 하락하는 걸 그냥 내버려둘 수도 있다. 하지만 나이라 가치는 25퍼센트 이상 하락해서, 1달러에 160에서 198나이라가 되었다. 정부는 위기의식을 느꼈다. 인플레이션을 걱정해야 할 상황이기 때문이다. 여느 나라들처럼, 나이지리아 정부 역시 국산품을 장려하고 생산력 신장을 위해 노력했다. 나이지리아가 선택한 정책은 상당히 특이했는데, 쌀부터 항공료에 이르기까지 생활 필수영역 41개 품목을 선정해서 해당 제품 수입 대금으로 달러를 지불하지 않겠다고 선언한 것이다.

중국의 경우 고정 환율을 중앙은행이 통제하고 그 방편으로 막대한 달러 보유고를 활용한다. 하지만 나이지리아 중앙은행은 그럴 형편이 못 됐다. 그러니 빈약한 달러 보유고를 지키려는 방편으로 궁여지책을 내놓은 것이다. 달러가 부족해지면 자칫 국가 부도 사태로 이어진다. 하지만 정부 지침은 큰 패착이었다. 달러를 손에 넣기 위해 수입에 의존하는 사람들이 대거 암시장으로 진출했다. 이렇듯 달러 수요가 많아지자 급기야 2016년에는 암시장 환율이 1달러에 400나이라까지 치솟았다. 공식 환율인 300보다 훨씬 높은 금액이다.

수입을 제한하자 원자재가 부족해지고 슈퍼마켓 진열대에서는 품귀현상이 빚어졌다. 물가가 치솟고 정부의 달러 정책을 비난하는 목소리가 커졌다. 미국 유나이티드항공이나 스페인 이베리아항공 등은 달러를 받을 수 없게 되자 나이지리아행 항공편 운항을 중단했다.

정부는 더더욱 달러를 움켜쥐었다. 그리고 이런 조치가 국가 신인도를 떨어뜨리고 밀수와 부패를 조장했다. 외국인 투자자들은 더 뒤로 후퇴했다. 중국과의 통화 스와프 체결로, 위기를 벗어나는 데 약간의 도움이 되었다. 하지만 혼란이 가중되자 2016년 6월에 이르러 정부는 규제를 중단했다.

아이러니하게도 이러한 조치의 여파로 달러의 위상은 더 강해졌다. 국산품 애용이라는 흐름을 만들어내지도 못했다.

나이지리아에는 졸로프Jollof라는 대표 요리가 있다. 특히 잔치에선 절대 빠져서는 안 되는 음식으로, 토마토, 고추, 양파로 만든 소스와 쌀이 주원료다. 나이지리아에서는 쌀이 인기가 좋아서 크리스마스 선물로 쌀자루를 주고받을 정도다. 하지만 이곳에서 판매되는 쌀은 대부분 나이지리아산이 아닐 공산이 크다. 나이지리아가 소비하는 쌀 500만 톤 중 절반이 외국에서 들어온다. 60퍼센트에 달하는 관세와 달러 강세에 의해 수입쌀 값은 두 배로 올랐지만, 그 인기는 여전하다.

나이지리아는 쌀 자급을 위해 노력 중이다. 하지만 농업 생산성이 떨어지고 비축과 유통을 위한 인프라도 부족한 상황이라, 단기간에 쌀 생산 증대를 이루긴 어렵다.

여전히 나이지리아에서 소비되는 쌀 상당량은 인도나 태국에서 온다. 심지어 수입쌀이 더 품질이 좋고 건강에도 유익하다는 인식이 널리 퍼져 있기 때문에, 수입 쌀 선호 흐름은 지속될 듯 보인다. 특히 부유층들은 쌀값이 얼마가 돼도 기꺼이 치를 태세가 되어 있다. 나이지리아에서는 고급 쌀을 먹는 게 일종의 사회적 신분 상징으로 여겨진다.

수도 라고스에서 수입쌀은 일상의 한 부분이다. 나이지리아 중앙은행을 떠난 우리의 1달러는 이제 수천 킬로미터 떨어진 곳에서 벼농사를 짓는 농부들을 대리하는 중개인에게로 넘어갈 것이다. 제대로 된 졸로프를 만들기 위한 '쌀을 향한 열망'이 우리의 1달러로 하여금 새로운 여행을 떠나도록 재촉

한다.

이번에 우리의 1달러가 향할 곳은 낯설지만 어딘가 춤사위와 함께 노랫소리가 흥겹게 들려올 듯한 신비의 나라 '인도 India'다. 인도는 바로 나이지리아가 꼭 필요로 하는 쌀을 사오는 나라이기 때문이다.

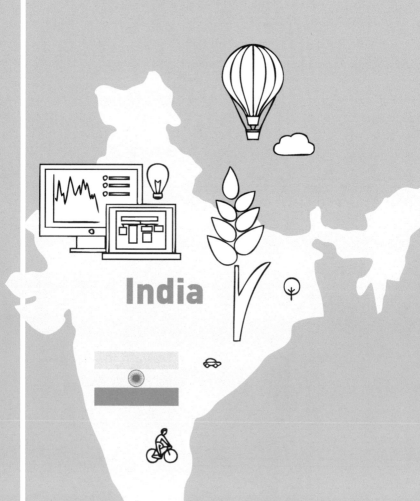

인도 방갈로르에 도착한 1달러

원시와 첨단이 공존하는 그들만의 생존전략

THE
ALMIGHTY
DOLLAR

Spicing up the success recipe
Nigeria to India

나이지리아를 떠나 인도에 도착한 달러는 고작 풀 나부랭이
를 사들이는 데 쓰인다. 세상 그 어떤 작물보다 더 오래 인간
을 먹여 살린 벼Oryza sativa, 다시 말해 쌀을 사들이기 위해서
달러가 지불된다. 우리의 1달러는 석유를 팔아 중국에서 나이
지리아로 넘어갔을 때보다, 쌀을 사러 여기 인도에 왔을 때 더
융숭한 대접을 받을 공산이 크다. 이들은 자신이 먹어야 할 것
까지 포기하면서, 우리의 1달러를 얻기 위해서 기를 쓸 테니
말이다.

쌀은 고대 중국에서 처음 재배한 것으로 보는데, 이후로 먼 곳
까지 뻗어갔다. 의외겠지만, 오늘날 전 세계가 소비하는 쌀의
1/5은 인도에서 생산된다.

77억 개의 입으로 들어가는 총량을 감안하면, 엄청난 양이 인

도산인 셈이다. 농업은 각광받는 산업이라 할 순 없지만, 인간 생존에는 필수불가결하다. 경작지나 방목지는 한정되어 늘어나기 힘들지만, 전 세계 인구는 그렇지 않다. 금세기에만 세계 인구는 3배로 늘어날 걸로 보이는데, 아무리 농법이 선진화되어도 이들을 다 먹여 살리기란 쉽지 않은 노릇이다.

가난한 부자富者, 두 얼굴의 인도

우리가 아무리 잘 살게 되었다고 해도, 여전히 세계 인구 8명 중 한 명은 영양실조 상태에 처해 있다. 그리고 여기에도 1달러의 여행이 손길을 미친다. 식량을 생산하면서도 그것을 먹지 못하는 사람들. 여기 인도에도 여전히 그런 사람들이 많다. 입에 들어갈 쌀보다 수출해서 벌어들일 1달러가 더 소중한 걸까?

누구나 먹어야 산다. 그러니 식량 문제는 단순히 형편의 차원으로 치부할 일은 아니다. 부유한 쪽은 두꺼워진 허리둘레로 고민인 반면, 사하라 남쪽 아프리카 극빈층은 극도로 적은 식량으로 하루하루를 버틴다. 미국인들이 수입의 약 20퍼센트(엥겔지수)를 먹는 데 쓴다면, 나이지리아에서는 이 수치가 56퍼센트나 된다.

먹는 음식의 질도 다르다. 가난할수록 탄수화물 비중이 높고, 부유해진 중국인은 고기, 유제품, 채소를 더 자주 즐긴다. 개발도상국에선 맥도날드가 성공의 상징이지만, 부유한 국가에선 그 황금아치를 비만의 상징으로 여기고 꺼려한다. 세계 인구가 늘고 소득이 늘어난다는 것은 곧 식량 가격의 상승을 의미한다. 경제협력개발기구OECD의 추정에 따르면, 2050년까지 식량 공급량이 70퍼센트 증가해야 겨우 수급을 맞출 수 있다. 식량은 점점 더 중요한 자원이 된다는 의미다. 식량을 재배하거나 확보하는 능력이 곧 권력이 될 수도 있다.

벼는 논에 물을 가득 채워 재배한다. 벼의 품종은 크게 인디카(동남아에서 주로 먹는 품종)와 자포니카(동북아에서 주로 먹는 품종)를 필두로, 여러 종류로 나뉜다. 인도에서 생산되는 쌀 품종으로 제일 유명한 것은 힌두어로 '향기'를 뜻하는 바스마티basmati다. 하지만 나이지리아 음식 졸로프를 만들려면, 인디카 품종을 쪄서 만든 쌀이 제격이다. 인도가 나이지리아로 수출하는 연간 100만 톤 이상의 쌀은 바로 이 품종이다.

인도와 나이지리아는 공통점이 많다. 식민지 역사, 민족과 종교적 다양성, 젊은 인구 분포, 아울러 쌀에 대한 사랑까지. 두 나라가 주요 교역국이 된 것은 이상한 일이 아니다. 쌀뿐 아니라 라고스에서 택시로 이용되는 모터사이클이나 의약품까지, 다양한 인도 제품이 나이지리아로 향한다. 특히 의약품은 1/3가량이 인도산이다. 인도는 반대로 나이지리아 석유를 제일 많이 사주는 큰손이다. 두 나라는 국가 정상 간 공식방문, 무역 박람회, 기술 공유, 인프라 투자 논의 등 무역 관계를 넘어 쌍방의 이익을 위한 협력을 지속해왔다.

이 관계에서 '달러'는 매우 중요한 위치를 차지한다. 중개의 매개로서뿐 아니라, 두 나라가 긴밀한 관계를 맺는 데 핵심적인 요소다.

달러가 가는 길은 언뜻 평범해 보인다. 나이지리아 도매상은 식품이라면 가리지 않고 취급하는 글로벌 거래상으로부터 쌀을 사온다. 우리가 익히 아는 이름은 아니지만, 세계의 식탁을 쥐락펴락하는 이들이다.

특히 상위 4개 식품 기업을 일컬어 'ABCD'라고 부르는데, 'ADM, 번지Bunge, 카길Cargill, 드레퓌스Dreyfus'의 앞 글자를 딴 것이다. 대단위 저장시설과 운송설비를 갖추고 어마어마하고도 정교한 네트워크를 보유한 이들 기업은 식량 생산이 이루어지는 현지 관리부터 가공과 유통에 이르기까지 모든 영역을 독점한다.

이들이 전 세계에 유통시키는 식량은 식품의 1/3, 곡물의 75퍼센트를 차지한다. 당신이 매일 먹는 무언가에 ABCD 제품이 들어 있다는 말이다. 물론 그들로부터 직접 사진 않는다. 정부, 가공회사, 유니레버나 네슬레 같은 다국적 기업을 통한다. 하지만 한 단계만 꺼풀을 벗기면, 이들 단 몇 개 기업에 엄청난 경제력이 집중되어 있다. 이들은 식량 생산 피라미드 제일 아래에 있는 농부나 노동자를 착취하는 동시에, 식량 가격을 높게 유지하는 일종의 담합을 형성한다는 의심을 받는다. ABCD 자신은 억

울하다고 항변할지 모르지만.

이들 기업은 나이라나 루피는 받지 않는다. 오로지 달러만 취급한다. 이들은 나이지리아 도매상에게 달러를 받아서, 자기 이윤을 떼고 나머지를 인도의 도매상에서 준다. 도매상은 이 달러를 루피로 바꾼다. 그 돈으로 농부에게 대금을 지불한다. 2016년 쌀 1킬로그램은 1달러가 조금 안 되는 금액으로 거래됐지만, 인도 농부는 그 달러를 만져볼 기회가 없다. 루피로 바뀌어 그에게 돌아온 액수도 1달러에는 턱없이 못 미친다.

잠자는 거인! 언제까지 잠만 잘 거야?

인도는 한 나라가 발전으로 가는 길이 얼마나 복잡하고 다양한지 보여주는 흥미로운 사례다. 인도는 잠자는 거인 혹은 미래 강국으로 불린다. 그러나 거기까지 가는 길이 순탄해 보이지만은 않는다.

농업은 일견 쉬운 산업처럼 보인다. 씨앗을 심고 물을 주고 기다렸다가 수확하기만 되니까. 인도에는 전 세계 식량을 책임지는 수백만의 농부들이 있다. 이들은 매일 농작물을 키우고 수확하는 힘겨운 일을 해낸다. 전국 단위로 보면 농업을 통해 국민 전체를 먹여 살려야 하는 과제가 있다. 거창한 말로 이를 '식량 안보'라고 한다.

겉보기에 인도는 식량 안보가 잘 이루어지는 나라다. 밀과 벼 재배 면적이 세계에서 가장 넓다. 우유, 콩, 향신료의 최대 생산국이기도 하다. 그런데도 인도인 중 상당수는 굶주린다. 왜 그럴까? 농산물을 수출해 달러를 벌어들이긴 하지만, 인도의 농업은 채산성이 좋지 못하다. 인구 절반이 여전히 농업에 종사한다. 현대 경제 시스템 하에선 엄청난 비율이다. 그런데도 농업 생산량은 GDP의 1/6에 불과하다. 엄청난 노동력이 투입되지만, 산출이 적다.

특히 벼농사는 넓은 토지와 많은 노동력을 필요로 한다. 물도 많이 쓴다. 관개 시설이 낙후된 인도 같은 곳에서는 온전히 자연 강우에만 의존한다. 그렇지만 인도 국토의 2/3는 잦은 가뭄에 시달리며, 전체 강우량의 3/4이 6월에서 9월에 집중돼 있다. 한 해의 생존이 날씨에 목을 맨다.

인도 농부들이 직면한 문제는 그것만이 아니다. 1가구가 경작하는 농지의 평균 규모는 2헥타르(6천 평) 미만이다. 개별 농부들은 관개 시스템을 설치하거나 기계 설비를 도입할 수 없다. '규모의 경제'가 성립하지 못하는 것이다. 관료주의도 한 몫 한다. 재산권의 개념이 불명확해 토지의 소유관계에 대한 기록이 거의 없다. 여러 차례의 토지개혁은 소규모 농가의 이익과는 반대 방향으로 이뤄졌다.

저장과 유통 시스템도 낙후됐다. 수확량 중 1/3은 팔리기 전에 썩어버린다. 도로가 미비해 이동이 어렵다. 설령 온전한 상태로 항구에 도착해도, 항구 규모가 작아서 선적이 쉽지 않다. 여기에 복잡한 서류작업에 관료주의까지 가세하면, 항구에서 물건이 빠져나가는 데 며칠씩 걸리기도 한다. 달러가 벌리는 일인데도, 그걸 처리하기가 힘이 든다.

국가 간 불균형도 이들을 괴롭히는 하나의 원인이다. 저개발국 농부들로서는 정부가 보조금을 지급해 지원하는 유럽이나 미국의 대농들과 경쟁해 이겨낼 재간이 없다. 일례로 EU는 자국 농민들이 생산하는 설탕 가격을 보장하기 위해, 아프리카로부터의 설탕 수입량을 제한한다. 이런 지원이 없는 국가의 농부들은 경쟁에만 의존해 더 헐값에라도 경작물을 넘겨야 하는 형편이다.

정부에게도 농민에게도, 수출을 통해 달러를 버는 건 매력적인 일이다. 그러나 자신들이 키운 작물을 달러벌이를 위해 수출하는 동안, 정작 그걸 먹어야 하는 이들이 굶주리기도 한다. 이들 국가에서 농업은 낡은 산업이고 가난한 산업이다. 가족이 전부 매달려도 생계를 유지하기 힘들고, 자기 토지 없이 허드렛일을 하는 노동자들은 더욱 그렇다. 인구 절반이 25세 이하인 인도에는 먹여 살릴 입들이 많다. 세계 최대의 쌀과 우유 생산국이지만, 영양실조 인구의 1/4이 인도사람인 것은 아이러니 중 아이러니다.

노동집약적인 농업, 특히 소규모 벼농사는 인도 농부들에게 번영을 약속하지 못한다. 설령 달러를 벌어들인다 해도, 그것은 농부들의 호주머니에 들어가지 않는다.

로스토의 경제발전 5단계, 변칙의 탄생

중국이 성장의 숨고르기를 하고 있는 지금, 인도는 세계에서 가
장 빨리 성장하는 경제 대국으로 부상했다. 인도처럼 광범위한
공간에 다양한 산업이 수준별로 산재한 국가의 통계를 신뢰하기
는 힘들지만, 2017년 기준 GDP 연간성장률이 7퍼센트에 달한
다. 개발도상국으로서도 높은 수치다.

재정적인 면에서만이 아니다. 영아사망률, 문맹률 등이 눈에
띄게 낮아졌다. 이제 인도인 10명 중 7명 이상이 글을 읽고 쓸
줄 안다. 19세기 인도는 세계 2위의 경제 대국이었다. 물론 이는
식민 지배국이던 대영제국의 욕망을 채우기 위한 조치의 결과였
지만. 영국은 인도에서 자원을 수탈하기 위한 단 하나의 목적으
로 철도에서 방대한 공무원 조직에 이르기까지, 시스템을 만들
었다. 독립하고 보니, 인도는 기형적인 형태로 개발되어 막대한
부만 쪽 빨린 상태였다. 그 뒤로 이어진 인도의 행보는 인도라는
특성 때문이기도 하지만, 식민 시절 이래 지속되어온 기획이나
정책의 부재 탓이 크다.

서구사회는 현대화와 번영을 향한 확실한 발전 단계를 고안해
냈다. 이 메커니즘만 따라 하면 대체로 큰돈을 벌고 사회를 발전

시킬 수 있다. 중국이나 베트남도 이 공식을 따르는 중이다. 영국
이 18세기에 시작한 산업혁명도 이 메커니즘이다.

1960년 미국 경제학자 월터 로스토Walter Rostow가 명시화
한 '경제발전 5단계'가 바로 그것이다.

1단계 전통사회 - 교역이 거의 없는 생계 목적의 농업 경
제. 도구나 기계가 없어 생산성이 떨어지며 잉여생산물도 거의
없다.

2단계 도약 이전 - 기계화 농법으로 산출물이 늘고 기반시
설 투자가 늘어나는 농업 경제. 저축과 투자가 늘고, 계층 이동,
국가정체성 발달, 경제적 이익의 공유가 일어난다. 해외 원조, 인
력과 기술의 지원 등이 이루어진다.

3단계 도약 - 제조업 특히 직물이나 의류 산업이 태동한다.
농업이 쇠퇴하고 도시 집중이 시작된다. 정치 사회 기관이 외부
자원 발굴과 도입에 나선다. 저축과 투자의 규모가 커진다.

4단계 성숙 지향 - 산업이 성장하고 다변화되면서 소비재
생산에 집중한다. 교통과 사회 인프라가 확대된다. 기술이 발달
하고 널리 활용되면서, 성장과 소득의 분배가 활발하다.

5단계 대량소비 - 산업이 경제를 지배한다. 생산량이 증가하
고 지출이 늘고 사치품 구매도 늘어난다. 중산층 대상의 외식업
이나 미용업 등 3차 서비스업이 성장한다.

로스토가 밝힌 성공의 단계는 여기까지다. 그러나 21세기에 접어든 발달된 글로벌 경제 시스템 하에서는 몇 단계가 더 추가돼야 한다.

점증되는 소비자 욕구에 부합하는 서비스 영역의 확장, 수출을 통해 벌어들인 달러를 다시 해외에 투자함으로써 도달 범위와 영향력을 극대화하는 순환, 인터넷을 통한 기술 발전과 혁신 같은 요소들 말이다. 지식경제, 디지털 시대, 3차 산업혁명 등, '기술'이 첨단산업을 리드하는 필수 요소가 되었다. 특히 과학과 기술 발전에 뒤처지지 않아야만 성장을 지속할 수 있다. 로봇과 인공지능 등 기술 융합을 통해 물리-디지털-생물 영역의 경계를 넘나드는 '4차 산업혁명'을 대비하기 위해서라도 말이다.

평등을 희생시키지 않고 발전을 통해 가치 있는 경제 번영을 꾀하는 일은 매우 힘들다. 하지만 그걸 해내고 나면, 더 많은 성공을 누릴 수 있다. 19세기 영국이 기계 시대를 앞서간 덕분에 비약적으로 발전했듯이 말이다.

그렇다면 인도는 어떤 상황인가? 이들은 값싼 노동력과 외국인 투자를 활용해, 제품을 생산해 해외에 팔아 돈을 버는 과정을 거치지 않았다. 사실상 대규모 제조업을 통한 도약 단계를 거치지 않은 셈이다. 인도를 식민 지배했던 영국이 제조업을 육성하거나 기업가정신을 확립시키는 데 관심이 없었던 탓이기도 하다. 독립 후에도 여러 민족을 아우르며 겨우겨우 국가가 기능을 하는 데 힘을 쏟느라 그 단계를 거칠 여력이 없었다. 인도가 세계적인 규모의 공장을 가동하는 데 관심을 누기 시작한 것은 극히 최근의 일이다.

더더군다나 인도는 해외로 힘을 확장하는 일 따위에는 관심이 없어 보인다. 중국이 해외에 36달러를 투자하는 동안, 인도는 1달러 정도를 겨우 투자하는 수준이다. 인도에는 여분의 달러도 많지 않고, 수출을 통한 수익금이나 외환보유액 따위도 미미하다. 그러니 금융 파워를 발휘하는 데는 관심이 없을 수 있다. 인도는 사실상 이 전통의 '단계적 성장 과정'에서 이탈했다. 그리고 그래서 더 흥미롭다.

경제학 퓨전 요리, 기술혁명으로 단숨에 점프!

인도의 1인당 평균 수입은 2000년 이후 거의 3배로 늘었다. 그렇다고 인도인들이 잘 산다고 할 수는 없다. 인도인 5명 중 한 명은 여전히 하루 2달러도 안 되는 돈으로 살아가며, 그들 대다수는 농부들이다. 생활이나 교육 수준이 향상되었다곤 하지만, 많은 아이들이 초등학교도 채 졸업하지 못한다.

그렇다면 발전의 수혜는 누가 받고 있을까? 소득은 어디서 오는 걸까?

인도 신생기업들의 화려한 복도에 그 답이 있다. 복도에 빼곡히 걸린 엔지니어들의 자격증명은 인도가 새로이 숭배하는 테크

놀로지의 신전이다.

인도 방갈로르Bangalore는 이제 IT를 상징하는 대표주자가 되었다. 인도 정보기술 혁명의 중심지인 이곳은 농부들이 벼농사를 짓는 이웃 동네로부터 고작 160킬로미터밖에 안 떨어져 있지만, 마치 다른 행성에 온 듯하다.

이곳에는 세계적 정보기술 기업의 아웃소싱 업무를 담당하는 상담센터, 기술부서, 데이터센터 등이 즐비하다. 이들은 콜센터 업무부터 첨단 로봇 개발까지, 세계 거의 모든 은행과 대기업, 고객을 위한 기술서비스를 제공한다. 심지어 아직 맞닥뜨리지 않은 문제에 대한 해결책까지도 찾아낸다. 이곳은 인도의 금광이다. 여기에 비하면 중국 산업이 발전하는 속도는 흡사 달팽이 걸음처럼 보일 지경이다.

타타 컨설턴시 서비스TCS는 1974년에 처음 해외 고객을 확보했다. 직원 수는 2005년 4만 5천 명이던 것이 2017년 30만 명을 넘어서면서, 인도 최대이자 IBM과 엑센추어의 뒤를 이어 세계 3위의 IT기업이 되었다. 이들은 데이터 운용, IT 서비스, 컨설팅, 비즈니스 솔루션 등을 통합적으로 제공한다.

중국이 전 세계의 제조업을 대행한다면, 인도는 IT 업종을 대행하는 셈이다. 인도는 세계의 기술서비스 센터로 자리매김하면서, 엄청난 달러를 벌어들인다. 25년 전만 해도 이 분야의 가치는 20억 달러에 불과했지만, 현재는 1,000억 달러(120조 원)가 넘는 것으로 추산된다. 이 부문은 10여 년 동안 매년 7~10퍼센트씩 성장해왔는데, 농업보다 몇 배나 높은 성장률이다.

2016년 조사에 의하면 첨단 기술기업이 인도 경제에서 차지하는 비중은 거의 8퍼센트로, 그 결과 부유한 개인들도 다수 탄생했다. 인도는 인구 1퍼센트가 국가 부富의 절반 이상을 차지한다. 세계경제포럼에 따르면, 미국, 러시아, 중국보다도 불평등한 나라다.

정작 1달러 지폐를 만져볼 일도, 월마트 매장을 둘러볼 일도 없겠지만, 방갈로르의 월마트랩@Walmartlabs 기술자들은 어떻게 하면 소비자가 호주머니에서 달러를 꺼내게 할까를 고민하면서 하루를 보낸다. 월마트에 더 큰 이익을 안겨줄 방법을 알아내기 위해 숫자와 정보를 분석하는 게 이들의 일이다. 데이터 과학자들은 빅 데이터를 통찰력으로 바꿔주는 이른바 '글로벌 데이터 패브릭global data fabric'을 만든다. 효과적인 물류 시스템, 소비자의 충동구매를 유발하는 진열 방법, 쇼핑 경험의 모든 단계 등을 연구한다. 일례로 갑자기 폭염이 닥치면 바비큐 수요가 늘어난다. 이때 매장에서는 하루에 얼마나 많은 양을 냉장고에 진열할지 산출한다. 분석 결과, 부모들은 아기가 태어나면 일회용 기저귀뿐 아니라 맥주도 많이 사다가 쟁여둔다. 밖에 나가지 않고 집에서 저녁시간을 보낼 일이 많아지기 때문이다. 이러한 조사 결과로 이들은 맥주 냉장고 위치를 바꿨다. 빅 데이터는 돈이 된다. 인도 기술자들은 달러를 벌어들이는 데 힘쓴다. 정작 그 돈은 지구 반대편에서 소비되지만 말이다.

방갈로르만이 아니라 인도 내 점점 더 많은 도시에 이러한 산업이 확산되고 있다. 인도는 20세기를 지나기 위해 필요한 현대화의 단계를 건너뛰고, 기술혁명으로 단숨에 도약한 것인지도 모른다. 자기만의 방식이긴 하지만 일종의 경제학 퓨전 요리를 만들어낸 셈이다.

어떻게 그게 가능했을까? 우선 젊고 유능한 노동력이 풍부하다. 일찍이 영국 식민지 시절, 철도 건설에 필요한 기술자를 양성하기 위해 깊이 있고 실용적인 교육 시스템이 활용되었고 정착되었다. 디지털 혁명 시대에 코딩을 배울 만한 똑똑하고 믿음직한 후보군들이 충분했다는 말이다. 수도 델리에서 2천 킬로미터나 떨어진 방갈로르가 기술혁명의 자생지가 된 것도 우연은 아니다. 관료주의 정부의 시선으로부터 자유로울 수 있는 곳에서 새로운 산업의 탄생이 가능했다. 특히 방갈로르는 기반 시설이 풍부해서 TCS만이 아니라 위프로, 인포시스 같은 정보기술 대기업이 번성할 수 있었다.

인도는 엔지니어 수출국으로도 이름이 높다. 실리콘밸리를 리드하는 구글이나 MS 같은 기업이 인도에서 경영자를 모셔온다. MS의 CEO 사티아 나델라Satya Nadella는 인도 하이데라바드 마니아팔 대학교에서 전기공학을 전공했다. 구글의 선다 피차이 Sundar Pichai는 타밀나두에서 자라서 웨스트벵골의 전문대학에서 금속공학을 공부했다.

굳이 인도를 떠나지 않아도 거물이 될 기회는 널렸다. 방갈로르는 인도 판 실리콘밸리로, 야심찬 기술자들이 언제든 엔젤투자자를 만날 수 있다. 다음 세대의 유망사업을 찾기 위해, 돈을 가진 사람들이 즐겨 찾는 곳이 미국 다음으로 인도다. 그에 비해 인도의 전자상거래 시장 규모는 미미하다. 자생기업 플립카트 Flipkart가 있지만, 인도에선 아마존이나 알리바바가 더 위세를 떨친다.

인건비 싸고 기술력 좋은 아웃소싱 국가 인도. 그러나 중국 제조업의 비용이 올라간 것처럼, 인도 역시 예전 같지만은 않다. 경쟁력을 유지하려면, 노동집약적 구조에서 벗어나 더 정교하고 발전된 기술을 축적해야 할 것이다.

기술 발전은 인도라는 저개발 국가에 어울리지 않는 새로운 산업 분야와 중산층들을 만들어냈다. 하지만 여전히 인도 전체에서 차지하는 비중은 미미하다. 더 넓은 부분에 더 많은 일자리를 제공하는 산업을 발전시켜, 더 많은 달러를 끌어들여야 한다.

상식을 뛰어넘는 인도산 괴짜산업의 세계

기술의 최전선에 있는 방갈로르와 달리, 인도 전역은 매우 낙후돼 있다. 인도 전체 가정 중에서 15퍼센트만 인터넷 접속이 가능하다. 이들 중 80퍼센트는 모바일을 이용한다. 그러니 스마트폰을 살 여유가 되는 대도시 엘리트들만 인터넷 접속의 특권을 누린다고 보아야 한다. 도시를 벗어나면 인프라가 거의 없다. 평균 20퍼센트가 인터넷에 접속 가능한 평균적인 개발도상국보다도 뒤처져 있다.

세계은행에 따르면 빈곤국의 인터넷 접속이 75퍼센트 정도로 늘면, 전 세계 소득이 2조 달러(2,300조 원) 늘고 1억 개 이상의 일자리가 창출되는 것으로 추산된다. 연결망은 매우 중요한 인프라다.

인도는 세계 2위 스마트폰 시장이라곤 하지만, 네트워크 연결 상태가 나빠서 10억 대의 휴대전화 상당수는 제 기능을 하지 못한다.

물론 희망적인 소식도 많다. 인도는 5달러짜리 스마트폰을 개발한 나라다. 이들은 다양한 욕구를 나름의 방식으로 충족할 만한 노하우가 풍부하다. 예컨대 방갈로르의 한 스타트업 기업은 농부들이 기후 변화에 따른 농작물 수확량과 품질 변화를 예측하고, 필요한 예방 조치를 취할 수 있는 도구를 개발했다. 친환경 농약과 토양 첨가제, 관개 수위를 측정하거나 조절할 수 있는 정교한 기계 등도 다수 설계했다.

인도 정부 역시 많은 국민이 기술의 수혜를 누리도록, 현대화를 시도하고 있다. 2015년 모디 총리는 인도 기술 발전을 위한 9가지 목표를 공개했다. 고국을 위해 구글과 MS의 CEO들은 각각 인도 철도역에 설치할 와이파이 장비와 50만 명의 농촌 인구를 위한 값싼 광대역 통신망을 약속했다.

농부들과 도매업자는 온라인 플랫폼 덕에 전국적으로 가격을 비교해서 판매가를 산정한다. 디지털 지갑과 결제시스템 이용 확산에 정부도 팔을 걷고 나섰다. 효율적인 거래 확산으로 농부들에게도 혜택이 돌아갈 것이다.

사회 투자를 위한 적절한 세원 확보를 위해, 금융 시스템 개선에도 정부가 팔을 걷어붙였다.

아주 최근까지도 인도인들은 10루피 중 9루피 이상을 현금으로 주고받았다. 심지어 부동산 거래를 할 때에도 지폐뭉치를 건넬 정도였다.

인도인 절반은 은행 계좌가 없고 급여도 85퍼센트는 현금으로 받았다. 은행이나 신용카드, ATM 기기 모두 먼 나라 얘기다. 현금이 인기가 있다는 것은 그만큼 근거와 자료가 없는 거래, 즉 세금이 부과되지 않는 거래가 횡행한다는 의미이기도 하다. 이런 관행 때문에 인도 경제 규모 중 최대 3/4이 레이더에 포착되지 않는다. 지하 경제인 셈이다.

2016년 11월 8일, 모디 총리는 예정에 없던 화폐 개혁을 실시했다. '기존 화폐(500루피, 1천 루피)는 2개월 내에 은행이나 우체국에 예치해야 한다, 취득 경로를 증빙 가능한 경우 최대 4천 루피까지 신권으로 교체 가능하다, 새로운 500루피와 2천 루피 지폐가 발행된다.'는 게 요지다. 이 조치로 인도에서 유통되던 지폐 4/5가 폐기되는 셈인데, 달러로 환산하면 2,200억 달러(260조 원) 규모다. 엄청난 조치였다.

정책이 발표되자 사람들이 은행으로 몰려들었다. 재무장관은 첫 4일 동안 400억 달러가 넘는 돈이 예치됐다고 했다. 은행마다 줄을 길게 늘어섰고 싸움까지 벌어졌다. 그런데 정부는 신권을 빨리 발행하지 못했다.

인도 전체의 금융 활동이 정체됐다. 현금 부족에 대비해 정부는 인출액을 제한했고, 한도를 자주 바꿨다. 혼란이 전역을 지배했다. 병원비를 못 낸 부모, 식료품을 사지 못한 사람들, 급여 지급을 하지 못한 공장주들, 심지어 결혼식을 취소하기에 이른 사람들까지……, 불만이 하늘을 찔렀다.

성과가 없었다고 보긴 힘들다. 탈세와 검은 범죄를 일부 색출하는 효과를 거뒀다. 하지만 출처를 증빙하지 못한 수백만의 저소득층이나 여성들의 쌈짓돈이 더욱 큰 피해를 보았다. 부유층들은 이미 자산의 상당액을 부동산이나 금, 보석으로 바꿔두었고, 심지어 관료들에게 뇌물을 주고 계좌를 개설한 사례도 많았다.

그러나 낡은 지폐가 사라진 자리를 디지털 결제가 차지하기 시작했다. 전자지갑 가입자가 급증했고 급여부터 인력거 요금에 이르기까지 온라인 결제로 하는 경우가 많아졌다. 모디 총리의 인도 경제 정화 실험은 실패했을지 몰라도, 현대적인 금융 시스템으로의 발걸음을 재촉한 것만은 분명하다.

못하는 것도 없고 안하는 것도 없는 나라

개발 단계에서 '도시화'는 필수적이다. 개발도상국일수록 농촌이 아닌 도시에서 비약적인 인구 증가가 일어난다. 이들 모두에게 일자리를 제공하는 것은 쉬운 일이 아니다. 도시는 황금으로 포장돼 있지 않다. 사람이 살기 힘든 수준의 빈민촌에서 사는 도시민이 인도에선 1/6이 넘는다. 합산하면 영국 인구보다 많은 6천 5백만 명이나 된다. 식수도 부족하고 하수나 정화시설도 없는 빈민촌은 사람이 살기에 적합한 곳이 아니다. 질병, 해충, 조직범죄가 만연해 있다.

빈민촌 거주자들은 비정규적이고 불안정한 일자리에 종사한다. 심지어 인구 통계에도 잘 잡히지 않는다. 하지만 이렇듯 도시로 몰려든 풍부하고 값싼 노동력은 제조업의 관점에선 훌륭한 자원이다. 인도인 3천만 명이 제조업에 종사하는 것으로 추산되는데, 이는 미국보다 2배 이상 많은 숫자다. 물론 이들 대다수는 열악하고 작은 작업장이나 공장에서 일한다. 여기에는 극빈 상태에서 벗어나기 위해 헐값을 받고 하청 일을 하는 여성이나 아이들은 포함되지도 않는다. 인도 의류업계에서는 자수 같은 섬세한 작업이 필요한 영역에 손놀림이 날렵한 아이들이 손쉽게 활용된다. 이들은 집에서 일을 받아서 하기 때문에, 윤리적 감시망에도 잘 포착되지 않는다.

물론 인도 당국은 이런 현실을 변화시키려 노력 중이다. 제조혁명을 통해 더 많은 이들을 위한 더 좋은 일자리를 창출하고, 더 확실하게 더 많은 달러를 벌어들이는 데 중점을 둔다. 2014년 시작된 '메이크 인 인디아Make in India' 프로젝트가 그 일환이다. 효과는 가시적이었다. 보잉, 포드, 코카콜라, 이스즈 등이 인도에 공장을 설립하거나 사세를 확장 중이다. 파나소닉은 북부 히르야나에서 냉장고와 에어컨을 만들고, 방갈로르에서는 TCS와 손잡고 로봇 공학을 연구한다. 아이폰 제조사인 대만의 폭스콘 역시 인도에 관심이 있다. 공장 이전 계획이 진행 중인데다, 인도의 메신저 앱 회사 하이크에도 투자했다. 중국의 샤오미는 이미 인도에 공장 두 곳을 갖고 있는데, 휴대전화를 1초에 한 대 꼴로 생산할 수 있다고 자랑한다. 이들은 모두 인도의 값싸고 뛰어난 노동력, 그리고 급증하는 중산층으로 인해 확산되는 시장 규모에 매료됐다.

그렇다면 인도는 중국을 대체해 월마트의 새로운 사업 파트너가 될 수 있을까? 아직 그것은 요원해 보인다. 성장 단계를 건너뛴 데 따른 혹독한 시련이 아직은 곳곳에 도사리고 있다. 창고, 도로, 학교 등 아주 평범한 기초 시설조차도 턱없이 부족하다. 그로 인해 논에서 재배한 쌀이나 히르야나에서 만든 가전제품으로 벌어들일 수 있는 달러의 액수가 줄어든다.

인도 도로의 절반은 비포장 상태고, 포장도로마저 화물차 중량을 못 이겨 쉽게 파손된다. 원자재를 조달하지 못해 제조가 지연되는 일이 빈번하다. 고속도로에서조차 최고 속력은 시속 40

킬로미터 정도에 불과하다. 철로는 아예 없거나, 있더라도 이용이 불가능하다. 그러니 화물의 2/3는 트럭으로 실어 날라야 한다. 어디서 많이 듣던 얘기 같지 않은가? 나이지리아와 인도는 여러 면에서 참 비슷하다.

더 많은 이들이 몰려든 도시는 점점 더 혼잡 그 자체가 되어간다. 제조업체들은 잦은 정전에 지친 나머지, 자체 발전설비를 가동해야만 할 정도다. 당연히 비용이 많이 든다.

악순환이다. 국민이 곧 미래이기 때문에, 숙련된 노동력을 양성하려면 의료시설과 학교가 필요하다. 경제는 인프라를 만들고 인프라는 경제를 창출한다. 모든 것이 빠르고 효율적으로 돌아가게 만들어준다. 인도는 이러한 선순환을 어떻게 축적할지가 큰 과제다.

정부는 65만 개 마을 전부를 도로로 연결하겠다고 약속했지만, 그러려면 매일 40킬로미터씩 도로를 건설해야 한다. 정부는 또한 향후 도로, 철도, 공항에 1조 달러(1,200조 원)를 투입하겠다고 발표했다. 그 중 2/3는 민간에서 유치해야 한다. 하지만 투자자들은 인도에 선뜻 투자하기를 꺼린다. 투자에서 회수까지 너무도 오랜 시간이 걸리고, 난관조차 한둘이 아니다. 산재한 규제와 절차, 부패한 관료, 타락한 기득권 등 어느 것이라도 발목을 잡을 수 있다. 게다가 인도는 나이지리아처럼 자원이 풍부한 나라도 아니다. 석유도 나지 않는다.

하지만 정부 역시 정치적 지혜를 발휘해, 그 상황을 타개하려 노력한다. 예를 들어, 외국회사가 고속도로를 건설해주면, 모든 위험과 장애물을 정부가 나서 제거해주겠다는 특별 약정을 하기도 한다. 다방면의 노력으로 외국인 직접투자가 늘고 있긴 하지만, 여전히 많은 자금을 정부가 대야 한다. 다행히도 현금을 많이 확보해가고 있는 인도 정부는 점점 더 여력이 생기는 중이다.

인도의 인프라 개발, 제조업 육성을 위한 전력 확보, 일자리와 소득 증진을 위한 경제 발전 단계에서 꼭 필요한 것이 하나 있다. 바로 석유다. 도로를 건설하려 해도 중질유로 만든 막대한 양의 아스팔트가 필요하다. 공급처로 나이지리아는 충분치 않다. 게다가 그곳엔 인도의 불안정한 시스템과 마찬가지로 변수가 많다.

오늘날 인도가 벌어들인 우리의 1달러를 유혹하는 대상이 있다. 의외겠지만, 그것은 바로 이라크다. 싼값에 석유를 팔겠다고 나선 덕택에, 이라크는 인도가 제일 선호하는 석유 공급자가 되었다. 이제 우리의 1달러는 그곳, 석유가 있는 곳으로 흘러 들어간다. 인도의 쌀 도매업자가 은행에 달러를 맡기는 순간, 그 달러는 인도 국영 힌두스탄 석유회사**HPC**로 건네진다. HPC는 왜 이라크에서 석유를 사올까?

그걸 알아보기 위해, 1달러와 다음 행선지로 떠날 채비를 하자. 거칠고 황량한 이라크의 유전으로 다음 여행을 떠난다.

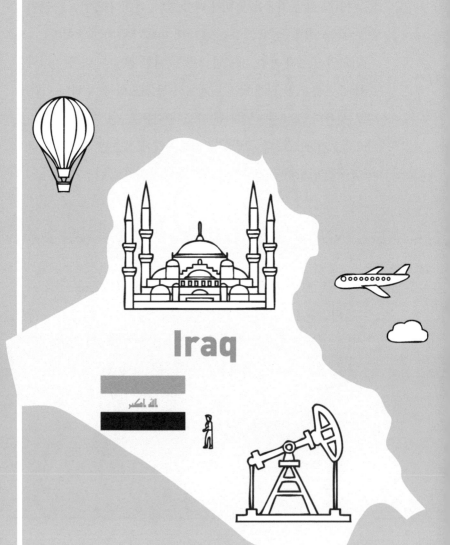

Iraq

الله اكبر

이라크 바스라에 도착한 1달러

검은 황금, 석유가 만들어내는 화음과 운율들

THE
ALMIGHTY
DOLLAR

The dark price of black gold
India to Iraq

"우주에서는 아주 외로울 거야!"

엘튼 존의 노래 가사와 달리, 국제우주정거장에 있는 우주인들은 델리 타임인 저녁 6시가 되면 고향 생각에 젖어 낭만에 휩싸이곤 한다. 인도 전역이 불빛으로 점등되는 순간, 수백만의 작은 마을들이 마치 크리스마스트리 불빛처럼 이들을 맞이한다.

인도 대륙을 통과하는 비행기를 타본 적 있다면, 비슷한 경험을 했을지 모른다. 인도를 관통하는 수천 개의 항로는 오늘날 그곳을 오가는 수많은 아이디어와 상업의 융성을 의미한다. 인도의 IT 기술에서 스리랑카의 홍차에 이르기까지, 수없이 많은 제품이 거래된다. 이 교역로를 통해 수십억 달러가 오가며 경제활동이 이뤄진다.

오늘날 항공 노선과 돈의 이동 경로로 으뜸인 지역은 의외로 '중동'이다. 경제 여행을 떠난 우리의 1달러가 가장 많이 왔다 갔다 하는 지역 역시, 당신이 상상했던 화려한 관광지나 환락가가 아니라 바로 이곳 중동이다. 이 지역은 산업이 발전하지도 않았고, 관광지로 각광 받는 곳도 아니다. 우주정거장에서 보면 이곳은 암흑 속에 잠든 것처럼 보인다. 하지만 다른 대륙의 밝은 불빛을 켜는 일을 책임지는 곳은 다름 아닌 중동이다. 중동의 특산품은 사막도 낙타도 대추도 아니다. 바로 석유다.

당신이 모르던 중동, 그들이 창조한 비즈니스

인도가 65만 개 마을을 거미줄처럼 연결하려면, 검은 황금으로 도로를 포장해야 한다. 이라크 남부 도시 바스라에서 북쪽으로 160킬로미터 떨어진 미산Missan 유전은 이란과 국경을 맞댄 경계선 부근에 있다. 겉보기엔 여느 사막처럼 지루한 풍경이다. 유목민들의 터전이었던 이곳에서 1975년 검은 액체가 발견되면서, 모든 것이 바뀌었다. 이라크 정부는 유전 개발을 위해 해외 대기업들을 불러들였다.

원주민들은 쫓겨나고, 대신 중국과 터키의 석유회사 임직원들이 몰려왔다. 이주민 규모가 워낙 광범위해서 특별 보상위원회를 설치해야 할 정도였다. 일부 주민은 새로운 일자리를 얻었는

데, 대개 유전 경비 업무다. 이곳의 보안은 삼엄하다. 수익성 높은 이 땅이 분쟁 중인 이웃나라와 인접해 있기 때문이다.

유전이 발견되면 돈과 권력 면에서 큰 횡재다. 석유를 달리 '검은 황금'이라고 부르는 게 아니다. 하지만 동시에 혼란과 불안도 가져온다. 검은 황금은 너그러운 축복인 동시에 저주가 되기도 한다.

우리는 생각보다 훨씬 더 많은 영역에서 석유에 의존한다. 수입 유가의 등락을 지켜보면서 우리는 생각한다. '유가가 오르면 휘발유 값은 금세 오르는데, 유가가 떨어져도 왜 휘발유 값은 금방 내려가지 않을까?' 세계경찰을 자처하는 미국의 행보에도 의문이 생긴다. '왜 어떤 지역에는 기를 쓰고 무력 개입을 하려고 하고, 어떤 지역에는 아무 관심을 두지 않을까?'

이 모든 것이 석유와 관련이 있다. 그리고 그 해답은 그리 간단하지 않다.

연료에서 화공품… 세계 산업을 조종하는 힘

석유 얘기를 하기에 앞서, 화석 채집을 하러 한 번 가볼까?

화학제품, 플라스틱 등의 일용품, 고속도로 포장에도 원유가 쓰인다. 동물과 식물의 사체가 진흙과 퇴적암 사이에 뒤섞여 수천 년간 거품을 일으키면서 만들어진 기름지고 악취 나는 물질.

이 원유가 바로 자동차가 전 세계 도로 위를 달리게 해주는 연료다.

석유가 달러와 손을 잡으면, 여러 국가 경제를 영속시키는 힘이 되어준다. 석유를 아낌없이 사들일 돈이 있다면, 번영으로 가는 길은 열린다.

인도에서 도로를 건설하는 기업이 아스팔트를 주문한다. 아스팔트 공급업체는 가공 플랜트를 통해 석유 부산물인 아스팔트를 구한다. 그러려면 인도 국영기업인 힌두스탄 석유회사HPC의 문을 두드려야 한다. HPC는 연간 1,600만 톤이 넘는 석유를 정제하고, 300킬로미터가 넘는 송유관을 통해 전국으로 운송한다. 쌀을 수출해 벌어들인 돈이 인도 중앙은행으로 들어오고 국영회사 HPC가 석유를 사기 위해 그 달러를 사들인다. HPC는 그 달러를 주고 이라크에서 석유를 사온다.

석유가 얼마나 다양하게 쓰이는지는 수 세기에 걸쳐 확인된다. 이집트 피라미드, 그리고 거기 안치된 미라를 봉인하는 데도 타르가 쓰였다. 라틴어로 석유를 뜻하는 페트롤레움petroleum은 '돌 기름'이라는 뜻으로, 16세기에 처음 등장했다. 참으로 적절한 이름이 아닌가. 19세기까지만 해도 주로 바위에서 스며져 나오는 원유를 걷어내 사용했으니 말이다. 1800년대 등불에는 주로 고래 기름을 썼지만, 1850년경 캐나다 지질학자 에이브러햄 게스너Abraham Gesner가 석유에서 새로운 연료인 등유를 증류해내면서 상황이 바뀌었다. 등유는 고래 기름보다 싸고 깨

끗한데다, 생명을 죽이지 않아도 됐다.

산업화는 석유에 대한 엄청난 갈증을 유발했다. 미국 펜실베이니아 타이터스빌에서 다량의 원유가 최초로 발견됐다. 최초의 상업용 유전인 스핀들탑Spindletop이 1901년 처음 가동됐는데, 항공기와 자동차를 탄생시킨 내연기관이 널리 사용되기 시작한 시기다. 석유는 현대의 탄생에 결정적인 역할을 한 동시에, 그 힘은 세계를 장악해갔다.

원유란 땅속이나 해저에서 추출한 다양한 등급의 석유를 모두 망라하는 포괄적인 명칭이다. 원유의 밀도, 농도, 독성은 모두 다르다. 검은 황금이라곤 해도, 석유는 짙은 검은색에서 옅은 노란색까지 다양한 색조를 띤다. 가벼운 기름은 유동성이 뛰어나며 지표 밖으로 꺼내기 쉽고 증발도 빠르다. 가벼울수록 유해성도 낮다. 가장 무거운 진흙 같은 형태의 원유는 퍼내기가 제일 힘들다. 환경에도 유해하기 때문에, 유출되면 곳곳에 찐득하게 달라붙어 악영향을 미친다.

오늘날 자동차나 제트기가 제일 선호하는 휘발유는 완벽하게 정제된 경질유다. 다른 제품에서는 희석되었다는 의미일지 몰라도, 석유에 경질light이라는 단어가 붙으면 더 순수하다는 의미다. 정제가 덜 된 중질유는 플라스틱이나 화학제품을 만드는 데 쓰이거나, 선박이나 발전소 연료, 난방유 등으로 사용된다. 아스팔트에는 정제되지 않은 부산물이 사용된다. 인도 정부가 관심을 두는 석유가 이 제품이다.

인도 입장에선 프리미엄 제품인 바스라 경질유가 아니라, 저가의 바스라 중질유면 충분하다. 인도에도 벵골 만과 라자스탄 지역에 석유 매장지가 있지만, 시추에 거액을 투자하는 것보다는 해외에서 값싼 중질유를 구하는 게 빠르다. 이라크는 인도에만 하루 최대 100만 배럴의 석유를 판매하는데, 이 중 20퍼센트는 바스라 중질유다.

매일 전 세계에서 약 1억 배럴의 중급유가 소비된다. 다른 에너지를 하나도 쓰지 않는다고 가정하면, 모든 인구가 각자 하루 2리터 이상 쓰는 셈이다. 용도는 다양하다. 석유 소비량은 미국인들이 가장 많은데, 1인당 하루 평균 10리터를 사용한다. 대개 자동차 연료와 난방에 쓴다. 2위는 공장을 많이 가동하는 중국이다. 인도와 일본이 3위 자리를 다투고, 러시아까지 가세하면 5대 에너지 소비국이 완성된다.

석유를 많이 사용한다는 것은 경제가 성장한다는 징표다. 그래서 인도를 포함한 개발도상국이 석유 소비국 상위를 차지한다. 2010년 이후 전 세계 소비량은 평균 1~2퍼센트, 하루로 환산하면 약 100만 배럴씩 증가하는 추세다. 중국 같은 나라는 산업 활동이 늘기도 했지만, 부유해진 덕에 자동차도 더 많이 굴린다. 하지만 산업 성장 속도가 둔화되면서 중국의 수요는 오히려 줄어드는 추세로 돌아섰다.

도로 건설에 박차를 가하고 있긴 하지만, 인도의 석유 소비량은 아직 1인당 하루 0.5리터로 미국 평균의 5퍼센트 수준이다.

도로가 완성되고 경제적 잠재력을 발휘하기 시작하면 상황이 빨리 변할 수도 있다. 국제에너지기구의 예측에 따르면, 인도는 향후 20년 내에 석유 사용량이 가장 빨리 늘어나는 국가가 될 것이다.

소비국이 아닌 생산국 순위는 어떨까. 매년 달라지지만, 러시아와 미국은 항상 상위 5위 안에 포함된다. 사우디와 이란, 이라크도 마찬가지다. 수요와 공급이 언제나 잘 매치되는 것은 아니다. 석유를 향한 갈증은 국제관계, 파벌과 경쟁, 심한 경우 유혈 사태까지 동반한다. 기름 값은 돈으로만 치르는 게 아니다.

석유 파워게임, 오늘도 그들은 이렇게 싸운다!

석유의 측정 단위는 중세 영국에서 유래했다. 42갤런 혹은 159리터에 해당하는 배럴은 옛 영국에서 포도주를 담던 나무통을 일컫는 말이었다.

그렇다면 1배럴의 가격은 어떻게 정할까? 하루에만 100만 배럴을 사들여서 도로를 깔아야 하는 인도 입장에선, 배럴 당 단돈 몇 달러 차이도 엄청나게 느껴질 것이다. 석유는 어떻게 판매되고 가격은 어떻게 책정될까? 즉 우리의 1달러가 소비국인 미국이나 중국이나 러시아를 떠나, 생산국인 여기 중동으로 올 때에는 어떤 법칙이 적용될까? 여기에는 복잡한 글로벌 경제의 메커니즘이 작동한다.

원유가 다양한 제품을 지칭하듯이, 단일 유가 같은 것은 존재하지 않는다. 산지와 등급에 따라, 각기 다른 가격표가 붙는다. 신문기사에 나오는 유가란 대개 하나의 제품 가격을 의미하는데, 바로 북해산北海産 브렌트유다. 이것이 기준처럼 통용되는 이유는 제일 양질의 원유이기 때문이다. 휘발유로 정제하기 쉽고, 바다에서 퍼내기 때문에 배에 실어 어디로든 쉽게 운반할 수 있다. 시시각각 변하는 모든 종류의 석유 가격을 측정하는 것보다 북해산 브렌트유 가격으로 계산하는 편이 훨씬 간단하기 때문에 그걸 쓰는 것이다.

잘 알다시피 가격은 수요와 공급에 따라 결정된다. 서구 은행의 화려한 미팅 룸이든 빈곤국 변두리 시장 골목이든, 팔 사람과 살 사람이 만나서 가격이 형성된다. 당신이 바그다드 시장에서 석류 하나를 집어 든다. 석류의 가격에는 생산에 들어간 비용, 수확에 영향을 미치는 기후와 토양, 운송비나 살충제 등의 추이도 영향을 미치겠지만, 당신이 얼마나 그 석류를 간절히 원하는가도 상관이 있을 것이다. 수요가 많아지면 가격은 올라간다. 반대로 석류가 풍작이고 살 사람이 별로 없다면 가격은 내려간다.

석유 중개인도 마찬가지다. 그들의 목표는 이윤 극대화다. 그러기 위해선 무작정 돈을 들고 유전을 찾아가는 걸론 안 된다. 살 사람과 팔 사람이 세계 곳곳에 흩어져 있고, 물건의 등급도 엄청나게 다양하다. 어디서 어떻게 시추해서 어떻게 가공하느냐에 따라 천차만별이다. 물건은 탱커에 담거나 파이프라인을 이용해 수송해야 한다. 석유를 사는 일에는 인프라도 많이 필요하고, 최적의 값으로 되팔기 전까지 보관하는 일도 만만치 않다. 최소한 몇 달 전부터 준비가 필요하다.

파는 입장이나 사는 입장이나, 미리 계획적으로 거래를 준비할 수 있는 방법은 없을까? 그래서 등장한 기발한 방법이 바로 '선물futures'이라는 개념이다. 미래의 특정 시점에 특정한 가격으로 특정한 양의 석유를 거래하겠다는 약속이 바로 선물 계약이다. 계약을 하고 나면, 구매자는 정해진 날짜(통상 3개월 후)에 정해진 값으로 석유를 사야 한다. 판매자 역시 동일 조건으로 팔의무가 있다.

글로벌 시대에 구매자와 판매자가 직접 거래하는 일은 거의 불가능하다. 중개인을 통해 집중화된 시장에서 거래하는 게 일반적이다. 서로 수천 킬로미터 떨어진 곳에 있는 구매자와 판매자를 매개하는 중개인이 가격을 결정한다. 여기엔 종이 한 장짜리 계약서면 충분하다.

선물은 미리 상품을 거래하는 것이기 때문에 투기적 요소가 강하다. 심리전 양상도 띤다. 선물 시장의 전통은 문명의 태동만큼이나 오래 전으로 거슬러 올라가는데, 가축이나 특산품 거래를 거간하던 보부상이나 보따리장수가 하던 역할이 바로 오늘날 중개인이 하는 일이다. 시장이 확대되고 상품도 복잡해지면서, 중개인이 일하는 방식도 발전해왔다. 최초의 선물 거래소는 암스테르담 증권거래소에서 파생되었다고 보기도 하고, 시카고 상품거래소라고 보기도 한다. 석유가 대규모로 채굴되기 전인 1864년 출범한 시카고 상품거래소는 처음엔 밀, 옥수수, 소, 돼지 등을 거래했다. 최초의 상품 거래는 공개적인 장소에서 직접 가격을 큰소리로 외치는 '공개 호가' 방식으로 진행됐다. 농수산물 경매장을 떠올리면 된다. 중개인들은 누구라도 알아보기 쉽도록 화려한 재킷을 입었다. 이제는 기술 발달로 컴퓨터로 원격 주문을 입력하면 거래가 매칭 된다.

중개인이나 애널리스트들은 자신이 거래하는 상품과 시장을 낱낱이 파악하고 있다. 그들의 판단과 결정에 따라 자동차가 굴러다니고 공장이 돌아간다. 이들은 세계 여러 에너지 기구들의 주간 보고서를 검토해서 재고가 얼마이며 공급과 수요 추이는 어떤지 파악한다. 생산량을 점검하고 장기적인 영향을 미칠 만한 지정학적 이슈와 동향도 살핀다. 그런 근거를 바탕으로 1배럴을 얼마에 사고팔지 정한다.

이들의 직관은 미래의 위험을 감지하는 데도 발휘된다. 때로 술집에서 들은 소문, 동업자들끼리의 수다, 막연한 직감도 영향을 미친다. 이런 요소들이 바로 상품 시장에 개입하는 감정적 요소다. 비관이든 낙관이든, 이런 감정들은 실제로 석유 가격에 영향을 미친다.

여기에 투기적 요소도 더해진다. 거래를 통해 큰돈을 벌고자 하는 이들의 욕망 말이다. 실제 수요와 공급과는 관계가 없이 이루어지는 거래도 많다. 소비량이 늘지 않았는데도 투기꾼들의 낙관만으로 가격이 올라가기도 한다. 주식시장과 유사한 특성이다. 심한 경우, 도박꾼들의 장난질로 시장이 왜곡되기도 한다.

중개인들의 농간에 흔들리지 않고 생산자들이 협력해서 안정적인 판매가격을 유지시키고자 하는 노력의 일환이 바로 석유수출국기구Organization of the Petroleum Exporting Countries, OPEC다. 이라크 바그다드에서 1960년에 창설된 OPEC의 회원국은 14개국뿐이다. 그러나 사우디 이라크 이란 쿠웨이트 등 중동, 나이지리아 앙골라 등 아프리카, 에콰도르 적도기니 등 군소 국가까지 면면은 다양하다. OPEC의 생산량은 전 세계의 40퍼센트, 수출 물량의 60퍼센트를 차지한다.

자신들은 석유시장 합리화를 위한 협력 기구라고 주장하지만, 많은 이들은 OPEC을 집단 카르텔이라고 여긴다. 이들은 생산량을 조절해 유가를 안정적으로 유지하는 방식으로, 회원국들의 이익을 대변한다. 이들은 생산 쿼터를 정해두고 유가가 떨어지면 생산량을 줄이도록 강제한다. 회원국은 무조건 이에 따라야 한다. 생산량이 가장 많은 사우디아라비아가 맏형 격의 역할을 하곤 있지만, 회원국 간의 강력한 유대는 1980년 이후 많이 약화된 상태다. 특히 미국과 러시아가 산유국으로 돌아서면서, OPEC의 영향력은 많이 감소했다. 하지만 이들은 여전히 석유 가격을 형성하는 핵심 주체이며, 매년 미국보다 4배가량 많은 원유를 생산한다. 중개인들로서는 무시할 수 없는 상대다.

유가는 역사적으로 심한 등락을 거듭했다. 1860년대 초 미국 남북전쟁, 1920년대 대공황 등 변화의 길목마다 유가는 요동쳤다. 하지만 1970년대 이후의 변동 양상은 롤러코스터를 탄 듯 급변했다. 4달러 아래로 떨어졌다가 120달러 넘게 치솟기도 했다. 그리고 이러한 변동은 일시에 지구상의 모든 이들에게 영향을 미쳤다. 특히 1973년 4차 중동전쟁에서 이스라엘을 지지한 미국이 이집트를 공격하자, 아랍 산유국들은 일제히 서방세계에 보복을 가했다. 1973년부터 1974년 사이, 유가는 무려 4배나 급증했는데, 이것이 바로 1차 오일쇼크다. 이 사건 이후 OPEC이 막강한 힘을 갖게 되었고, 사우디아라비아가 엄청난 부를 얻었다.

당시는 베트남 전쟁 비용을 치르기 위해 달러를 엄청나게 찍어낸 미국의 금 보유량 부족으로 인해, 달러를 기축통화로 하던 브레턴우즈 체제가 위태롭던 시기였다. 달러로만 석유 값을 받던 중동 국가들이 상대적으로 낮아진 가격에 불만을 품은 데는 달러 환율 약세라는 배경이 있었던 것이다. 유가가 오르고 달러를 기피하는 흐름까지 생기면서 브레턴우즈 체제는 더욱 위험해졌다.

급기야 미국은 1973년 사우디와 협약을 맺고, 사우디가 수출하는 모든 석유를 달러로 거래하기로 약정한다. 달러는 기축통화로서의 지위를 되찾았고, 사우디는 미국의 군사 협력으로 인해 경쟁국 이란과 이라크를 저지할 수 있었다.

유가가 오르면서 산유국들은 주머니가 두둑해졌다. 석유를 팔아 벌어들인 오일머니는 다시 미국으로 흘러들어가 채권 매입 등에 사용되었다. 석유를 사려는 소비국들 역시 달러 환율의 급격한 상승으로 비싼 석유 값을 치르는 일을 다시는 반복하고 싶지 않았기 때문에, 지속적으로 달러 보유를 늘렸다. 달러 체제에 굴복하고 싶어 하지 않는 베네수엘라나 이란 등의 일부 국가는 달러 거래를 거부하기도 했지만, 대세를 거스르긴 힘들었다. 석유 거래에서 달러는 여전히 맹위를 떨친다.

석유 값이 변하면 우리 일상은 어떻게 바뀔까?

석유는 축복이자 저주다. 지구상의 모든 사람들은 달러 환율이나 배럴 당 석유 가격 변동의 영향 하에 있다. 이 둘은 경제 전반에 연쇄 효과를 일으키기 때문이다. 석유는 경제 성장의 길을 열어주는 도구다. 인도처럼 새롭게 성장하는 국가에게 꼭 필요한 동력인 셈이다.

유가가 오르면 고속도로 1킬로미터를 놓을 때마다 더 많은 돈을 써야 한다. 엄밀히 말해 달러를 말이다. 건설 사업을 계속하고 싶으면 세금을 더 걷어야 한다. 유가가 오르면 도로에 차를 몰고 나오는 인도인들도 더 많은 돈을 써야 한다.

가난한 사람들은 난방을 위해 석유를 채워 넣는 데만도 큰돈이 들어 허덕인다. 쓸 돈이 쪼그라들면 자주 찾아주던 고객들의 발걸음도 뜸해져, 식당이나 가게도 힘이 든다. 유가 상승은 생산비를 높여 상품이나 서비스 가격을 인상시킨다. 정부가 아무리 꼼꼼히 계획을 세웠어도, 이렇듯 통제할 수 없는 유가나 환율 변동 때문에 큰 차질을 빚기 일쑤다. 전 세계 어느 나라나 마찬가지다.

그러나 1970년대에 비해서는 유가의 치명적인 영향으로부터 조금은 자유로워진 것이 사실이다. 오일쇼크를 겪으면서 서구 국가들은 극심한 경제 위기를 경험했다. 주유소 앞에 길게 늘어선 행렬, 급등한 생필품 가격, 임금 인상을 요구하는 노조의 파업, 생산을 중단한 공장……. 유가 급등은 곧 불황을 가져왔다.

1979년 이란-이라크 전쟁으로 2차 오일쇼크가 발생했을 때, 그리고 1990년 1차 걸프전의 영향으로 유가가 치솟았을 때, 세계 곳곳에서 성장의 훈풍이 일시에 멈췄다. 유가 하락이 경제 호황을 가져왔다는 얘기는 듣기 힘든데 반해, 유가 급등의 상흔은 크고 깊다. 물론 직접적인 영향은 자동차 연료지만, 휘발유는 유가가 영향을 미치는 일개 요소일 뿐이다. 휘발유 1리터를 살 때 우리가 지불하는 돈의 거의 대부분은 국가 세금으로 들어간다. 주유소가 버는 돈은 극히 일부다. 유가가 떨어지면 정유회사나 정제회사가 직격탄을 맞게 되기 때문에 하락 요인은 금세 반영되지 않는다. 세금을 늘려야 그들 회사의 손해를 벌충해줄 수 있기 때문에, 원가가 떨어져도 판매가는 바로 떨어지지 않는 것이다. 반면 유가가 올라가면 세율이나 원가가 금세 반영되어 판매가 역시 바로 올라간다.

2010년대에 들어서도 1970년대에 버금가는 수준으로 유가가 급등했지만, 이전 같은 쇼크는 발생하지 않았다. 각국은 오일 쇼크 이후 정책과 행동의 변화를 시작했고, 덕분에 회복력이 높아졌다. 더군다나 서구의 대다수 국가들은 예전처럼 산업 에너지를 많이 사용하지 않는다. 공장이든 자동차든 에너지 효율이 높아졌기에, 유가 상승으로 인한 영향을 덜 받게 되었다. 서비스 부문의 비중이 커지면서, 과거에 비해 기름 먹는 산업의 총량도 줄어들었다. 물론 인도나 중국 같은 제조업 의존도가 높은 개발도상국들의 경우에는 여전히 고유가가 성장에 미칠 영향에 대한 우려가 크다.

에너지 시장에서 발휘하는 석유의 지배력도 상대적으로 약해졌다. 대체 에너지원에 대한 연구와 투자도 활발하다. 수력 발전 총량이 일본, 독일, 영국 세 곳 모두에 전력을 공급할 수 있는 에너지를 생산한다. 부유한 국가들만 재생 에너지를 적극 도입하는 것도 아니다. 인도 같은 경우에도 2030년부터 생산되는 모든 신차를 전기자동차로 전환하려 계획하고 있다. 물론 전기 역시 여전히 화석연료를 통해 나오지만, 재생 가능 에너지원의 비중은 2018년 23퍼센트에서 점점 늘어 2040년에는 40퍼센트에 이를 것으로 예상된다.

유가가 높아지면서 이전에는 비용이 많이 들어 개발하지 못했던 석유 자원을 추가로 발굴하는 흐름도 생겨났다. 영국 북해 유전, 인도 라자스탄, 텍사스 셰일 유전 같은 경우 말이다. 토양에서 석유를 추출하는 셰일 유전의 경우 유가가 배럴당 95달러 이상 되었을 때 비로소 수익성이 생기기 시작했다. 초기에는 그 양이 미미했지만, 2015년에 이르러 하루 500만 배럴을 생산해 미국 생산량의 절반을 넘었다. 기술 발전으로 셰일 유전 개발에 드는 비용도 줄었다.

더 핵심적인 것은 에너지 안보 문제다. 공급의 한계든 가격 상승이든, 에너지 시장에서 발생하는 충격으로부터 자국 경제를 보호하는 것 말이다. 그러나 석유 의존도의 약화는 곧 기축통화로서 달러의 지위 약화와도 연결된다. 달러의 지배력은 상당 부분 전 세계의 석유 의존도에서 나온다고 해도 과언이 아니다. 미국은 셰일 유전 개발로 그런 미래에 대한 우려를 얼마간은 미룰 수 있게 됐는지도 모른다.

오일머니, 모노컬처 경제의 유통기한은 언제?

석유는 여전히 막대한 부를 약속한다. 특히 2조 달러(2,350조 원)로 평가(2019년 12월 기업공개)되는 사우디 국영회사 아람코Aramco에게 그렇다. 아람코의 자산 가치는 오늘날 최고의 기업으로 꼽히는 애플과 구글의 시가총액을 합친 것보다 크다.

석유 의존도가 높은 경제는 쉽사리 취약해질 수 있고, 특히 유가가 하락할 때 고통을 받는다. 사우니아라비아의 GDP 중 질반 가량이 석유에서 나온다. 수십 년 동안 넘쳐난 오일머니 덕택에 사우디는 호화로운 지출 규모를 유지해왔다. 그러니 갑자기 씀씀이를 줄이기 힘들다. 사우디 입장에선 석유 가격이 높게 유지되는 게 유리하다.

2014년 이래 중국의 석유 수요가 줄어들고 사우디의 생산량도 늘어서 국제 유가는 하락 추세다. 앞으로 수요가 더 떨어질지 모른다는 우려마저 생긴다. 유가 하락으로 사우디는 15년 만에 처음으로 정부 지출을 삭감해야 했다. 2017년 사우디는 OPEC과 협의해 생산량의 5퍼센트를 감산하기로 했다. 사우디가 직면한 절박함을 나타내는 이례적인 조치였다.

이라크 역시 석유를 팔아서 번 달러를 단단히 움켜쥐고 있어야 한다. 2014년 수출 흑자는 대부분 석유에서 얻었다. 이렇듯 단일 상품에 크게 의존하는 경제를 모노컬처monoculture라고 한다. GDP의 절반이 석유 수출이고, 이를 바탕으로 도처에 자금이 지원된다. 그러니 유가 하락은 곧 경제의 목을 죄는 일이다. 물론 이라크가 당면한 문제는 석유만이 아니다. 검은 황금의 저주라고 불리는 현상은 전 세계적인 양상인데, '풍요의 역설' 혹은 '자원 저주'라고도 불린다. 석유 등의 천연자원이 풍부한 나라가 낮은 경제성장률과 후진적 정치체제를 보이고, 그에 따라 생활 수준이 떨어지는 경향을 가리키는 말이다.

검은 황금의 저주를 받는 국가는 정치·경제적으로 불안정하다. 석유에 크게 의존하는 모노컬처 경제에서는 석유 산업의 수혜를 받는 극소수와 나머지 대다수 간의 수입 격차로 불평등이 뚜렷하다. 경제적 불평등은 정치적 불평등으로 이어지고, 분배와 형평이 자리 잡기 어렵다. 이런 상황에서 유가가 떨어지면 소득이 줄고 실업이 늘어 사회 불안이 극심해진다. 2014년 유가 하락으로 심각한 경제 혼란과 식량 폭동이 발생한 베네수엘라 역시 그런 케이스다.

새롭게 자원이 발견되면 그 경제적 불똥이 엉뚱한 곳까지 미치는 경우도 있다. 네덜란드 병Dutch disease은 생물학적 전염병을 가리키는 말이 아니다. 1959년 엄청난 매장량의 천연가스가 발견된 다음, 네덜란드에서 벌어진 일을 가리키는 말이다. 1970년대 초 천연가스 수출이 늘자, 네덜란드 통화인 길더 수요가 급증했다. 변동 환율제를 유지하던 터라, 환율이 급등하자 엉뚱하게도 피해는 농업과 제조업 종사자에게로 돌아갔다. 상품 가격이 너무 올라서 해외에서 경쟁을 할 수 없게 된 것이다. 1971년부터 1977년 사이, 실업률이 4배 이상 증가했다. 결국 아무 관계없는 이들이 오랫동안 대가를 치러야 했다.

천연자원이 풍부한 나라는 손쉽게 침략의 타깃이 되기도 한다. 1990년 이라크의 사담 후세인이 쿠웨이트를 침공한 것은 석유 때문이었다. 미국이 이라크에 관심을 가진 이유 역시 마찬가지다. 인도주의적 차원 운운하는 것은 핑계일 뿐이다. 미국의 여러 석유회사들이 이라크와 체결한 계약으로 큰 이득을 보고 있었기 때문에, 미국에 적대적인 정권에게 권력을 넘길 수 없었다. 훗날 이라크가 IS의 공격에 시달린 것도, 그곳에 묻힌 석유 때문이다.

석유가 없는 이라크는 아무런 경제 전망이 없다. 다른 산업이라곤 시멘트뿐이다. 석유가 나는데도 이 나라의 1인당 평균수입은 미국의 1/10도 안 된다. 이라크인의 평균연령은 19세고, 성인의 절반은 중등학교에도 진학하지 못한다. 1990년 이전까지 세계적 수준의 교육 시스템을 자랑하는 나라였다는 걸 생각해보면, 석유로 인한 부침이 얼마나 심했는지 짐작할 수 있다. 토지 대부분을 농업에 활용하지만, 농업 생산성이 떨어져 식량 대부분을 수입에 의존한다.

IS 같은 무장 테러집단은 이라크 북서부 지역을 휩쓸어서 하루 6만 배럴에 육박하는 생산 능력을 가진 유전들을 점령했다. 남쪽 바스라까지는 손길을 뻗지 못했지만, 그 충격은 엄청났다. IS가 장악한 석유를 시리아나 이란 등지에 팔아넘기면, 하루 70만 달러(8억 원)를 벌 수 있던 것으로 추정된다. 게다가 약탈한 골동품과 재산에 납치한 사람들의 몸값까지 더하면, 이들이 얼마나 자금이 풍부한 테러집단인지 상상이 간다. 이들은 자금력을 바탕으로 점령지나 외부에서 전사들을 모집해 무장시키고 급료를 지불했다.

미국을 위시로 한 연합군이 석유 기지를 비롯한 이들의 본거지에 공습을 가하자, 유전에 대한 극단주의자들의 장악력은 약화됐다. IS의 마지막 거점인 모술이 탈환되고, 최후의 지도부가

격퇴되면서 이들은 힘을 잃었다.

석유 자원을 보호하고 테러집단을 격퇴하기 위해, 이라크 정부는 석유로 벌어들인 피 같은 달러를 떠나보내야 한다. 인도의 국영기업 HPC로부터 받은 1달러가 다시 여행을 떠나야하는 이유다. 우리의 1달러의 다음 행선지는 러시아다. 이라크는 무기가 필요할 때마다 러시아에 손을 내밀어왔다.

우리의 1달러는 이제 낯설고 무서운 세계, 무기 거래의 현장으로 달려간다.

귀를 막아야 할지도 모르겠다. 이번 여행지는 좀 시끄러운 곳이다.

Russia

6장

러시아 이제프스크에 도착한 1달러
합법과 탈법의 경계에 선 위험한 경제학

THE
ALMIGHTY
DOLLAR

Funding the means of destruction
Iraq to Russia

러시아 중서부 우드무르티야 공화국의 수도 이제프스크의 공장 전경이 멀리까지 뻗어 있다. 19세기 초부터 이 도시에 울려 퍼지던 귀에 익은 소음이 들려온다.

소총, 엽총, 사냥총 등을 조립하고 시험하는 노동자들의 손길이 분주하다. 그들 부모와 조부모도 비슷한 일을 했을 것이다. 계획경제 하의 소비에트 연방은 하루에 만들 무기의 종류와 모델을 정확히 명시해 지시했다. 물론 현재는 그런 지시가 없다. 하지만 이전보다 훨씬 더 바빠졌다.

이제 이들에게 명령을 내리는 권력의 요체는 크렘린이 아니다. 그들이 수십 년간 원수처럼 싸워왔던 적국의 돈, 달러다.

소련 붕괴 이후 이 국영자산을 차지한 인물은 무기 제조업자 드미트리 소콜로프Dmitry Sokolov다. 가상의 인물이긴 하지만, 실제 러시아에는 그런 인물이 여럿 존재한다. 러시아 무기상들은 대공對空포, 탱크, 미그 전투기에 이르기까지, 뭐든 주문하는 대로 다 공급한다.

달러만 준다면 무엇이든 가리지 않고 다 만들어준다는 말이다. 우리의 1달러는 과거에 적대적이던 공산국가 러시아에서 대단히 환영 받는 존재다. 다들 뛰어나와 달러를 에워싸고 껑충껑충 춤이라도 춰줄지 모른다. 이번 여행이 그만큼 신명날지는 의문이지만.

"달러만 주시면 뭐든 다 만들어드립니다!"

'석유'와 '무기', 달러는 글로벌 경제에서 가장 논쟁적인 이 두 영역 모두에 관여되어 있다. 달러는 이 둘을 거래하는 핵심 매개로 전 세계에 강력한 영향을 미친다. 이 두 영역의 시장을 이해하려면, 우리의 1달러가 흘러가는 방향과 메커니즘을 잘 관찰하면 된다.

이라크는 2012년 군대를 재건하기 위해 공격용 헬기 등 무기구입에 무려 42억 달러(5조 원)를 지불했다. 러시아에게 말이다. 석유를 팔아 번 달러 중 상당액이 여기 들어갔다. 사회 인프라나 복지에 써야 마땅한 돈이지만, 당장 테러집단을 격퇴하는 일이 더 시급하다. 러시아 무기를 사는 것은 이라크 안보에 필수불가결한 일이었고, 그 값을 제대로 했다.

러시아의 무기 수출은 21세기 들어 무려 5배나 증가했다. 그들은 미국과 자웅을 겨루던 냉전 시기의 패권과 경제력을 되찾고자 한다. 여기에 무기는 한몫을 하고 있다. 러시아는 그 규모에 비해 시스템이 매우 낙후되어 있어, 과거의 영광스러운 지위를 되찾는 일은 요원해 보인다. 이들에게 달러는 더 이상 불순한 체제의 적이 아니다. 무기를 팔든 뭘 하든, 달러를 손에 넣어 허약체질을 벗어나야 한다.

냉전의 낡은 잔해를 뜯어 파는 동구권 마켓

1991년 냉전 종식은 뛰어난 시스템인 자유주의가 사회주의 체제를 누르고 거둔 승리라고 생각하는 이들이 많다. 물론 그 일로 달러의 입지가 확실히 강해진 것은 사실이다. 하지만 자유주의의 우위로 공산권이 몰락한 것은 아니다. 오히려 그들 자신의 경제적 모순 때문에 스스로 무너져 내렸다고 보아야 한다.

1955년 동구권 공산주의 국가들은 집단적 방위체제인 바르샤바 조약기구Warsaw Pact를 구성했다. 이는 서구 자본주의 국가들 사이에 위기의식을 발동시켰고, 이후 양 체제의 엄청난 군비 증강과 우주 경쟁으로까지 이어졌다. 1980년대에 이르자 소련은 무력 증강을 위해 지불해야 할 현금 확보에 어려움을 느끼기 시작했다. 계획경제는 실패로 돌아갔다. 쭉정이가 되어버린 경제체제 하에서 인민의 불만은 높아만 갔다. 하지만 오늘날 러시아의 무기 산업은 이러한 냉전체제를 통해 만들어졌다.

러시아가 방위산업 수출로 얻는 수입 중에서 이라크가 지불한 달러는 극히 일부에 불과하다. 러시아는 미국에 이어 세계 2위의 무기 수출국이다. 다른 상품들이 그렇듯, 러시아가 수출하는 총기류 같은 무기도 달러로 거래된다. 냉전체제의 군비 경쟁으로 소련은 총기나 수류탄 같은 무기 외에도, 핵무기, 화학무기, 신경가스 등에 막대한 투자를 했다. 냉전이 끝날 무렵, 러시아의 무기 비축량은 세계 최대 규모였다. 엄청난 노하우도 확보했다. 무기 연구개발에 있어서는 최첨단 수준이었다.

이제 러시아는 거의 유일한 자국의 강점을 '돈'으로 바꾸는 데 열중한다. 무기를 설계해 만들고 수출하는 기업은 국가 소유거나 개인 투자자와 공동 소유 형태로 운영된다. 국가의 요구 대신, 해외 고객들의 입맛에 맞는 제품을 만들어 파는 새로운 비즈니스 시대가 열렸다.

잠재고객을 찾는 것은 어렵지 않았다. 냉전은 비록 끝이 났지만, 러시아의 동맹국이 누구인지는 분명하다. 미국이 무기를 팔지 않는 나라를 찾으면 된다. 지구상에서 가장 규모가 큰 무기 산업국인 미국은 NATO 회원국이나 중동의 사우디아라비아 같은 동맹국에게 무기를 공급한다. 그러니 러시아는 중국, 인도, 중동 다수의 국가와 새롭게 부상하는 동남아 국가 등 그 외의 여러 고객들을 공략하면 된다.

구매자와 판매자 모두 누구와 거래하는지 알려지기를 꺼린다. 경쟁자인 미국과 중첩되는 고객도 거의 없다. 정세 변화에 따라 미국에게도 무기를 살 수 있는 이라크 같은 경우는 이례적인 케이스에 속한다. 이렇게 양쪽 모두에 발을 걸치고 있는 나라는 몇 안 된다. 물론 이런 상대를 구슬리려면 더 각별히 노력해야 하지만 말이다.

이라크와 싸우는 IS의 경우에도, 러시아와 미국 제품을 두루 사용한다. 인권 단체인 국제사면위원회Amnesty International(앰네스티)는 1970년대부터 1980년대에 걸친 냉전시대 무기의 확산 경로를 추적한 바 있다. 이란-이라크 전쟁 때, 소련은 처음에 중립적인 태도를 견지했다. 적어도 겉으로는 그랬다. 하지만 이 전쟁이 끝나는 1988년 무렵이면, 러시아는 이라크의 최대 무기 공급국이 되어 있었다. 앰네스티의 표현에 따르면, 30년 뒤에 등장한 IS 극단주의자들이 '사탕가게에 간 아이들'처럼 신나게 그 무기들을 사용했다. 그들은 항공 방어체계나 AK소총 등 이라크가 비축한 러시아제 무기들을 마음껏 주워 담았다. 돈이 많은 IS는 무기를 꽤 사들이기도 했지만, 상당량은 관리 소홀이나 정권 교체의 혼란 와중에 손쉽게 손에 넣은 것이다. IS는 자신들이 보코하람이나 알카에다에 비해 운이 좋다고 여겼을지 모른다. 이런 극단주의자들은 불법 판매상들을 통해 무기를 밀수입해야 한다. 반입이 쉬운 소총, 수류탄, 박격포, 지뢰 등 휴대용 무기가 대부분으로, 연간 10억 달러(1조 2천억 원) 이상이 불법 거래되는 것으로 추정된다.

KGB 요원 출신의 러시아 밀매업자 빅토르 부트Viktor Bout는 유고 내전, 라이베리아 내전 등에 무기를 공급하고 탈레반과 알카에다에게도 무기를 팔아치운 '죽음의 상인'으로 악명 높았다. 비밀 함정 수사로 2008년 체포된 그는 뉴욕 법원에서 25년 형을 선고 받았다.

무기 비즈니스는 언제나 성업 중, 앞으로도 쭉~

검은 거래와 밀수도 존재하지만, 대부분의 무기 거래는 합법적으로 이뤄진다.

소규모 분쟁이 끊이지 않고 군비 확장 흐름이 이어지면서, 러시아의 무기 수출은 더욱 호조를 띠고 있다. 러시아는 세계 무기 시장의 1/4을 차지한다.

무기 판매는 수익성이 높은 사업이라서, 이들은 한해 150억 달러(18조 원)가량을 벌어들인다. 장거리 지대공 미사일S-300, 전투기MiG 35, 전투용 헬기, 슈퍼 탱크T-90 등이 가장 잘 팔리는 품목이다.

현대전에서의 군사력은 무기고에 얼마나 많은 무기를 쌓아놓느냐가 아니라, 군사적 능력이 얼마나 높아지느냐가 관건이다. 러시아는 과거에 기밀유지를 위해 효과 높은 최신식 장비를 수출하는 걸 꺼렸지만, 점점 더 장벽을 낮추는 추세다. 기회가 곳곳에 널려 있기 때문이다. 일례로 이전 5년에 비해 2012년부터 2016년까지 5년간의 베트남 군비 지출은 무려 3배로 확장되었다.

냉전이 끝났다고는 해도 군비 경쟁은 계속된다. 게다가 분쟁 지역은 러시아의 살아 있는 광고 무대라 해도 과언이 아니다. 중동 지역의 긴장이 고조되면서 이 지역의 무기 수입액은 2배로 늘었고, 당연히 러시아의 파이도 커졌다. 시리아 내전에서 러시아는 아사드 대통령 편에 섰다. 아사드 군대는 러시아산 무기의 화력을 증명하듯 보여주었고, 시리아 내전은 '러시아의 무기 판매를 위한 전시장'이라고 해도 과언이 아니었다. 러시아는 무기 지원으로 5억 달러(6천억 원)가량을 지불했지만, 홍보 효과를 톡톡히 본 결과 그 10배를 벌어들였다. 러시아의 무기 수출업자들은 옥외 광고를 설치할 필요도, TV 광고를 할 필요도 없다. 정부가 발 벗고 나서서 전폭적인 마케팅 지원을 해주기 때문이다.

비단 금전적인 목적만이 아니다. 미국, 프랑스, 영국 등 유명 무기 제조사를 거느린 각국 정부들은 자국의 외교적 목적 달성을 위해 이들을 백분 활용한다. 러시아에게 있어서 시리아는 중동에 영향력을 행사하기 위해 필수적인 요충지다. 내전에 개입하기 훨씬 전부터, 시리아에 판매된 무기 중 절반은 러시아가 공급하고 있었다. 시리아에 무기를 판매한 목적 자체가 애초에, '아랍의 봄' 이후 중동 지역에서 동맹의 범위를 넓히고자 하는 노력의 일환이었다. 이슬람 극단주의 세력이 러시아로까지 영향을 미칠까 우려했던 때문이다.

물론 이런 종류의 게임은 꽤 변덕스럽게 전개된다. 정권이 적대적인 쪽으로 넘어갈 수도 있고, 위기에 내몰리면 어제까지 내 편이었던 상대가 언제라도 손바닥 뒤집듯 입장을 바꿀 수 있다. 빠르게 변화하는 지정학적 현실 탓에 우리가 판 총이 언제라도 우리 자신을 겨눌 수 있다.

테러집단이나 자국민을 학살하는 독재 정부에 무기를 팔면, 전 세계의 눈총을 받는다. 화학무기 사용 혐의를 받는 시리아 정부를 러시아가 지지했을 때, 서방세계는 분노를 표했다. 러시아는 미국이나 영국도 독재 정권을 무장시켜 압제를 일삼는 걸 묵인했다며 항변했다. 일례로 2015년 영국의 최대 무기 수출국은 사우디였다. 영국은 그 대가로 석유를 받았다. 사우디는 국제법을 어기고 예멘을 폭격해 수천 명의 목숨을 앗아갔다. '아랍의 봄' 이후 영국 의회는 '영국 정부가 북아프리카와 중동의 독재 국가에 무기 수출을 승인했을 때, 해당 무기가 내부적 압제 수단으로 사용될 위험을 오판했다'고 결론지었다.

안타깝지만 인권이나 평화는 외교적 목적과 달러벌이 앞에서 힘을 쓰지 못한다. 국가의 경제성장률과 달러 수입은 해마다 등락을 거듭한다. 하지만 무기 수출업자들의 운명은 그보다 훨씬 질기고 안정적이다. 방위 산업은 경기를 타지 않는 특유의 보호

막을 갖는다. 무기는 식량처럼 필수품으로 받아들여진다. 군수품 수요는 경기에 비탄력적이며, 거의 일정 수준을 유지한다. 정부는 다른 지출을 다 아껴도 국방비만큼은 최후까지 줄이지 않는다.

러시아는 2015년 전체 수출 수익 20달러 중에서 1달러를 무기 판매로 거뒀다. 하지만 경쟁력이 앞으로도 계속 유지되리라는 보장은 없다. 무기 수요는 계속 느는 추세지만, 중국 등 새로운 경쟁자가 가세하는 탓이다. 투자 부진과 숙련 과학자 품귀 현상으로 러시아는 첨단 무기 연구개발에서 조금씩 뒤처지고 있다. 전 세계 무기의 70퍼센트 가량이 미국, 프랑스, 영국, 러시아에서 생산된다. 모두 전통의 강대국들이다. 그러나 이들의 힘이 약화되는 것처럼, 무기 산업 장악력도 약해지는 추세다. 머지않은 미래에 이라크는 중국으로 거래처를 바꿀지도 모른다. 아직은 충성스러운 고객인 인도 역시 언제 바뀔지 모른다. 그렇게 되면 수출 감소만이 아니라 외교적 영향력 면에서도 러시아가 고전하게 될는지 모른다.

국가를 망친 섣부른 정책, 그리고 그 교훈

광대한 러시아 영토에는 천연자원이 풍부하다. 그중에는 석유와 가스도 있다. 러시아는 '풍요의 역설' 면에서 이라크와 동병상련

처지다. 러시아의 석유와 가스가 서유럽 전체의 겨울을 책임진다. 언제라도 러시아가 석유 공급을 끊으면, 서유럽은 꽁꽁 얼어붙는다. 하지만 반대의 논리도 성립 가능하다. 석유가 러시아를 지배하고 있으며, 그들로부터 석유를 공급 받는 이들이나 그들과 경쟁하는 이들 모두 그 사실을 알고 있다.

러시아는 하루 1,100만 배럴에 달하는 석유를 생산하는데, 이는 사우디에 버금가는 양이다. 때로는 사우디를 추월한다. 석유 산업은 러시아 정부 수입의 절반 이상, 러시아 수출 소득의 70퍼센트를 차지한다. 러시아는 사우디에 비해 석유 수출 의존도는 조금 낮은 편이지만, 그래도 석유는 러시아의 경제 안정에 필수적이다. 유가가 배럴당 10달러 낮아지면 러시아 GDP는 1.5퍼센트 정도 감소한다. 러시아 정부가 수입과 지출의 균형을 맞추려면, 배럴당 유가는 최소 100달러 이상이어야 한다. 게다가 석유를 거래하려면 달러가 필요한데, 이는 곧 자국 통화가 위축된다는 뜻이다.

엄청난 규모와 자원, 군사력에도 러시아는 왜, 석유나 달러에 의존하는 처지가 되었을까?

소비에트 연방 시대, 계획경제 정책은 무엇을 얼마나 만들어야 하는지를 일일이 결정하고 통제했다. 군비 경쟁이 심화되면서 산업 기능 유지에 필요한 기계나 도구보다도 무기를 더 많이 만들었다. 외부와의 교역과 소통이 없는 폐쇄적 경제 시스템이었기 때문에, 수출경쟁력을 가져야 한다는 압박감도 없었다. 기업은 그 수가 정해져 있고 소수 권력이 쥐고 있었기 때문에, 품질이 낮은 모든 종류의 소비재를 이들이 독점적으로 만들고 공급했다.

사람들의 필요나 요구를 고려하지 않으니, 상점에는 늘 물건이 부족했다. 뭐든 살 수만 있으면 좋은 물건이 아니라도 줄을 서서 구매했다. 뭐든 사서 쟁여놓지 않으면 언제 또 살 수 있을지 모른다. 어느덧 중앙이 통제하는 공식적인 계획경제가 아닌 암시장이 성행했다. 이는 전체 경제 규모의 10퍼센트를 차지하는 수준으로까지 커졌는데, 냉전과 중앙집중식 계획경제에 대한 집착으로 러시아 경제는 계속 퇴보를 거듭했다.

1985년 취임한 고르바초프 대통령은 이러한 시스템으로는 지속이 불가능하다는 걸 인정했다. 그는 페레스트로이카와 글라스노스트, 즉 개혁과 개방을 표방했다. 그러나 혁신과 기업가정신을 강조하기에, 소련 경제는 너무도 활력이 부족한 상태였다. 러시아에는 이른바 현대적 제조업이 태동하지 않은 상태였다. 거대한 시장이 열릴 것을 기대한 서구의 은행들, 특히 독일의 은행들은 소련에 지지를 보냈다. 대규모 대출을 해준 것이다. 그러나 때마침 원유 가격이 폭락했고, 은행들은 서둘러 대출금을 회수했다. 사회주의 거인이 자본주의의 소리 없는 침공에 무릎을 꿇은 셈이다. 소련은 보유한 금을 팔아 국민들을 먹여 살려야 했다. 몇 년 안에, 소련은 더 이상 존재하지 않게 되었다.

자본주의 신흥 부자들, 그들과의 비즈니스

철옹성 같던 소련은 산산조각이 났고, 지금까지도 거의 파편 상태로 누워 있다. 하지만 폐허 속에서도 파헤쳐 건져내고 싶은 보물들은 여전히 여기저기 널려 있다. 소련이 패망하면서, 새로운 형태의 자본주의가 태동하기 시작했다. 1980년대 후반, 기업가 정신을 장려하는 새로운 정책 하에서 탄생한 것이 러시아식 자본주의의 주역이자 신흥 재벌 올리가르히oligarch들이다.

낡은 체제의 부산물을 손쉽게 차지함으로써 신흥 부호가 될 기회를 낚아챈 이들은 오늘날까지도 막강한 파워를 자랑한다. 재정난에 처한 정부는 자산을 매각하고 에너지와 금융 산업을 민영화했다. 이 와중에 유력 정치인이나 그들과 결탁한 측근들이 수혜를 입었다. 이들은 짧은 기간에 엄청난 부를 축적했고, 그것을 이용해 경제·정치적 막후 실력을 행사했다.

첼시 구단주이자 석유 재벌로 꼽히는 로만 아브라모비치 Roman Abramovich도 그중 하나다. 가난한 집안에서 태어나 두 살에 고아가 된 그는 페레스트로이카 시대를 잘 활용했다. 옐친 대통령의 측근 패밀리의 일원으로 훗날 에너지 대기업이 되는 시브네프트를 헐값에 인수하는 등, 전형적인 올리가르히의 길을 밟았다.

1999년 푸틴 대통령은 올리가르히에게서 권력을 빼앗아오기 위한 싸움을 시작했고, 피 튀기는 전투는 지금까지 계속된다.

한편 탈공산주의와 문호 개방을 선언한 푸틴 역시 전임자들과 똑같은 곤경을 겪어야 했다. 원유 가격 등락에 따라 그의 인기와 러시아인들의 수입이 널을 뛰었다. 2006년에 석유 수입이 늘고 세금 감면 등의 조치를 해주자, 국민들의 평균 수입이 급격히 늘었다. 경제는 호황을 구가하며 해외로 돈을 쓰러 다니는 사람들도 늘었다. 하지만 얼마지 않아 세계 금융 위기가 닥쳤고, 2014년에는 급기야 유가마저 떨어졌다. 러시아 경제의 균열이 다시 드러났다. 투자자들이 떠났다. 인플레이션이 닥쳤고 국민들은 수입의 절반을 식료품 구입에만 써야 할 정도로 살림살이가 어려워졌다. 〈모스크바 타임스〉는 '연평균 신발 8켤레를 사는 미국인들, 겨우 1켤레를 사는 러시아인들'이라는 기사로 경제난을 고발했다. 국민들은 소비에트 시절만큼이나 허리띠를 졸라매고 낡은 물건을 고치고 고쳐서 다시 써야 했다.

2014년 3월 러시아가 크림 반도를 합병하고 우크라이나에 군사 개입을 시도하자, EU와 미국 및 동맹국들은 경제제재를 감행했다. 러시아 무기, 석유 등의 수입을 제한하고, 러시아의 계좌와 해외 자산을 동결했으며, 요주의 인물들의 해외여행을 금지시켰다. 제재의 목적은 러시아로 달러가 들어가지 않게 하는 것이었다. 러시아 역시 이에 응수해 특정 식료품 수입을 금지하는 등 대응조치를 취했다. 유럽이 최대 1천억 달러(120조 원)의 손실을 입은 것으로 추정됐지만, 불황에 고통 받던 러시아의 대가는 더 컸다. 평범한 국민들은 더욱 그랬다. 식료품 가격은 더욱 치솟았다. 그래도 이들은 2017년까지 휴전을 허용하지 않았다.

그러다가 결정적 계기가 생겨났다. 러시아 루블의 통화 가치가 사상 최악으로 떨어진 것이다. 시장의 흐름에다 감정적 동요, 투기적 의도까지 겹쳐, 점점 더 환율은 하락했다. 패닉에 빠진 투기꾼 무리들이 러시아 화폐를 버리고 도망치기 시작했다. 2014년 1달러에 30루블이던 환율은 85루블까지 떨어졌다.

자국 통화 가치가 떨어지면, 가뜩이나 어려운 경제 상황을 부채질한다. 수입품 가격이 천정부지로 올라, 생계에 큰 어려움을 겪게 된다. 소련 패망과 함께 농업 보조금도 사라져서 기존 농업은 괴멸 상태였다. 우유, 달걀, 육류 등 필수적인 식료품 대부분을 수입에 의존한다. 대금을 달러로 지불해야 함은 물론이다. 달러 수요가 더욱 늘면서 루블화 가치는 더욱 떨어졌고, 하루가 멀다 하고 생필품 가치가 올랐다.

게다가 해외로부터 빌린 부채 역시 달러로 정산된다. 갚아야할 돈이 점점 더 늘어난다. 외환보유액이 충분한 정부라면 별로 문제가 없을지 몰라도, 수천억 달러씩 빚을 진 기업들로서는 큰 골칫거리다. 루블화 하락과 동시에 유가까지 하락해 수출 소득도 줄었다. 다만 희망적인 것이 있다면 석유 가격을 달러로 받기 때문에 환율 하락을 어느 정도는 상쇄할 수 있다는 정도였다.

러시아는 달러 강세와 유가 하락의 이중고에 시달리는 처지가 되었다. 사실 러시아 통화는 역사적으로 늘 약세를 띠었다. '자르다', '베다'라는 뜻의 루블rouble은 13세기에 처음 통용되기 시작했다. 그러나 루블은 화폐 가치가 1/3로 떨어져 엄청난 인플레이션을 가져오고 혁명의 기운까지 들끓게 만들었던 1917년 혁명기도 잘 이겨냈다. 역사적 길목마다 부침을 겪은 것은 차치하고라도, 루블화 약세의 핵심 원인 중 하나는 신뢰 부족이라 할 수 있다.

루블화든 달러든, 모든 화폐는 공통점이 하나 있다. 바로 그 자체만으로는 본질적 가치가 없다는 점이다. 모든 화폐는 장부의 차변에 놓이든 대변에 놓이든, 사실상 일종의 약속에 불과하다. 달러는 본래 그걸 가진 사람에게 금을 지불하겠다는 약속이었다. 달러는 보증서인 셈이다. 실제 1934년까지는 모든 지폐에 '쓰인 만큼 소지자에게 지불할 것'이라는 문구가 적혀 있었다. 1971년 브레턴우즈 협정이 종료되고 달러와 금의 가치가 연동되지 않게 되면서, 그런 의미는 사라졌다.

미국인들에게 달러는 연방정부의 보증이다. 은행 잔고는 은행의 보증이다. 그리고 오늘날 그러한 보증은 무언가와 맞바꿀 수 있어서가 아니라, 화폐 자체에 대한 우리의 공통된 믿음에 근거해 기능한다.

다시 말해 달러가 가치를 갖는 이유, 힘을 갖는 이유는 그것에 대한 믿음 덕택이다. 1달러를 내면 그만큼의 재화와 용역을 얻을 수 있다는 믿음, 가치가 유지될 것이라는 믿음, 정부가 보장해줄 것이라는 믿음 말이다. 루블이나 다른 국가의 통화도 마찬가지다.

화폐는 다음 세 가지 목적을 충족시켜야만 한다.

첫째, 금융 거래나 부채 상환을 할 때, 일반적으로 용인되는 매개여야 한다. 염소와 밀을 직접 물물 교환할 수도 있다. 하지만 염소를 키운 사람이 밀이 필요하지 않다면? 직접 교환이 불가능할 때, 우리는 그 매개로 화폐를 사용한다.

둘째, 가치를 저장할 수 있는 수단이 되어야 한다. 월급날 따로 빼둔 1달러로, 일주일 후에도 같은 양의 물건을 살 수 있어야 한다. 약간의 물가 변동을 고려하더라도, 큰 차이는 없어야 한다는 말이다.

셋째, 계산의 단위가 되어야 한다. 화폐 자체가 계산의 기준이 되어 특정 제품의 가치를 측정할 수 있어야 한다.

전 세계 151개 통화가 제각기 다양한 수준으로 화폐로서의 목적을 달성하기는 하지만, 무역 송장의 거래 대금이나 국제 간 부채 산정, 안전한 준비금으로 달러가 활용되는 이유는 바로 가장 신뢰 받는 화폐이기 때문이다. 금이나 신용이 아무리 뒷받침한다 해도, 사람들의 신뢰를 받지 못하는 화폐는 무용지물이다.

과거 소련에는 해괴한 이중 거래 시스템이 횡행했다. 생필품 품귀 현상이 심했기 때문에, 우유나 달걀 같은 것을 사려고 오래 줄을 서야 했고 값도 비쌌다. 그런데 물건이 즐비한 별도의 매장에 쉽게 들어갈 수 있는 방법이 있었다. 달러만 들고 있으면 된다. 여행객이나 외국과 사업하는 소수, 외국인들을 상대로 영업하는 이들이 고객이다. 심지어 외국인 대상 매춘부들이 벌어들인 달러가 비싼 값에 암시장에서 거래된다는 말도 돌았다.

오늘날 대부분의 저개발 국가들이 그렇듯, 대도시 특급호텔들은 달러로 요금을 매겼다. 달러는 모두가 탐내는 대상이자, 부유함과 가치의 상징이었다. 소비에트 식 경제에 신물이 난 러시아인들에게 달러는 번영의 꿈이었다.

소련이 붕괴된 지 한참이 흘렀지만, 러시아 소비자와 투자자들은 다시 한 번 루블 가치에 대한 신뢰를 잃었다. 돈을 갖고 있느니 차라리 TV나 보석, 부동산을 보유하는 편이 낫다고 여겼다. 가치 저장수단이기도 한 화폐에 대한 신뢰가 바닥에 떨어졌다. 주머니 속 루블화보다 필요하지도 않은 사치품이 오히려 더 오래 가치를 유지할 것이라고 판단한 것이다. 어렵사리 손에 넣은 달러를 숨기기 위해 은행 대여금고를 빌리기도 했다.

루블화를 원하는 사람은 아무도 없고, 모두가 달러만 찾는다. 신뢰가 사라지면 상황은 걷잡을 수 없이 악화된다. 하향곡선을 그리기 시작하면, 반등이 쉽지 않다. 1998년 금융 위기를 맞아, 루블화 가치는 바닥을 뚫고 추락했다. 러시아는 IMF에 구제금융을 신청해야 했고, 금리가 100퍼센트까지 치솟았다.

2014년 다시 루블화 폭락 사태가 찾아왔을 때, 사람들은 1998년의 악몽을 떠올리며 다시는 돌아가고 싶지 않다고 치를 떨었다. 2013년부터 러시아 중앙은행장을 맡았던 엘비라 나비울리나Elvira Naviullina가 이 대목에서 구원투수로 등장한다. 엘비나는 '푸틴의 오른팔'로 유명하다. 즉각적으로 환율 전투에 참전한 그녀는 루블화의 가치와 러시아의 자존감을 회복하기 위해 조금은 위험한 조치들을 감행하기 시작했다.

금리 인상이 첫 번째 조치였다. 투자자들이 루블화 계좌를 유지하는 게 더 이익이 된다고 판단하게 만들기 위함이다. 상업은행들이 루블화 가치를 끌어내리는 달러 투자에 참여하지 못하도록 제한조치도 발동했다. 또 하나의 급진적 조치도 병행했다. 루블 환율을 시장의 흐름에 맡긴 것이다.

당시까지 20여 년 동안, 러시아는 중국이나 나이지리아처럼 정부 개입을 통해 고정 환율을 유지하는 정책을 취해왔다. 통화의 안정성을 유지하고자 한 조치였지만, 대가는 상당했다. 통화 가치가 하락할 때마다 중앙은행이 외환보유액의 상당 부분을 동원해 외환시장에서 루블을 사들여야 했다. 엘비나는 그런 미봉책을 더 이상 사용하지 않겠다고 선언하고, 아끼는 자식에게 자유를 허용하는 새로운 양육방식을 선보인 셈이다. 실제 얼마간은 루블화 가치가 더욱 떨어져, 주변의 우려를 자아내기도 했다.

무분별한 조치처럼 보였던 이런 정책은 효과를 발휘하기 시작했다. 2015년 초에 들어, 실제로 루블화 가치가 안정되기 시작했다. 예전 같으면 통화 구제에 투입했을 외환보유액을 활용해, 중앙은행은 시중 은행에 외화 대출을 제공할 수 있게 되었다. 자국 은행에서 달러를 구할 수 있게 되어 러시아인들이 더 이상 다른 데 손을 벌릴 필요가 없어졌다.

루블화 가치는 다시 상승세를 탔다. 엘비라의 파격적인 접근법은 훌륭한 묘수였던 듯하다. 유럽의 각종 금융 저널이 '올해의 중앙은행장'으로 그녀를 선정하며 칭송해 마지않았다. 비록 전반적인 달러 우위 현상을 역전시키지는 못했지만, 위기의 순간에 적절한 역할을 했던 것만은 틀림없다.

달러의 거미줄에 포획된 나라가 살아남는 법

소비에트 연방이 그랬듯이 달러를 병용 통화로 사용하는 국가가 많다. 러시아에서도 여전히 어느 정도 달러가 활발히 통용된다. 2017년 기준으로 전 세계 달러의 절반 이상이 미국 밖에서 유통되었으며, 이들 대부분은 남미 혹은 과거 소비에트 연방 국가가 소유한다.

남미에서는 왜 그렇게 달러의 인기가 높을까?

하나는 무역 때문이다. 에콰도르와 엘살바도르는 사실상 자국 통화가 없다. 이들은 2000년 달러화를 공식 선언했는데, 이들이 미국과 자유무역협정을 맺었음을 고려할 때 달러를 사용하는 편이 더 간편하고 실용적이라고 판단했던 듯하다. 달러의 안정성에 기대면 자국 경제가 흔들릴 위험이 적다고 판단했을 것이다. 신뢰할 만한 통화를 보유하면, 매력적인 투자 대상이 될 수 있다.

파나마의 경우도 운하를 통해 벌어들이는 수입 덕에 한 세기 넘게 달러가 법정통화로 사용되었다. 운하 건설을 통해 막대한 국제무역이 이루어졌으니, 그 무역에 사용되는 통화를 받아들인 것은 당연한 귀결이었을지 모른다.

그러나 미국에 자국 경제력을 양도하는 '공식적 달러화 통화 정책'에는 분명 대가가 따른다. 달러 클럽의 일원이 된다는 것은 그 룰에 따라 움직여야 한다는 뜻이다. 달러를 공식통화로 채택한 국가는 미국 금리와 연동해 금리를 적용해야 한다. 경제권이 다른 지역에서 미국과 같은 수준의 금리를 적용하는 것은 실물 경제에 여러 부작용을 초래할 수 있다.

그래서 달러와 자국 통화를 병행해서 사용하는 '비공식적 달러화 통화 정책'을 활용하면, 그런 문제를 피할 수 있다. 대개 자국 통화가 신뢰의 위기를 겪을 때 이런 편법이 동원된다. 2014년 경제 위기를 겪으면서 페소화 급락 현상을 겪었던 아르헨티나가 그랬다. 호텔, 식당 등 많은 업체들이 페소보다 달러를 더 선호했다. 달러로 지불할 때 공식 환율보다 더 유리한 적용을 받는 이른바 블루 환율이 사용됐다. 이런 현상으로 달러를 손에 넣을 수 있는 이들과 그렇지 못한 이들 사이에 괴리가 생겨났다. 물가가 오르고 페소 가치는 하락했다. 단 이틀 만에 17퍼센트나 하락한 적도 있다. 달러가 있어야만 자기가 모은 돈의 가치를 지키고 물건을 적당한 값에 살 수 있다. 한번 그런 일을 겪고 나면, 위기가 지나간 후에도 달러를 소유하려는 수요는 이어진다. 또한 빈부격차와 부정부패가 횡행하는 환경이 될 공산이 크다.

미국과 거리가 먼 국가, 예를 들어 캄보디아 같은 나라도 달러를 병용 통화로 사용한다. 세계 각국의 정부들이 안전한 미국 국채를 사들이려 하는 것처럼, 일상의 거래도 달러로 하는 편이 안심이라고 여기는 이들이 많다. 그 덕택에 달러, 그리고 미국은 특별한 지위를 부여 받는다.

미국의 특별한 지위와 달러의 막강한 힘은 다른 현장에서도 목격됐다. 국제축구연맹Fédération Internationale de Football Association, FIFA 스캔들이 그것이다. 이 기관은 세계가 열광하는 이 근사한 경기를 활성화하고 규칙을 규정하는 책임을 맡고 있다.

그런 연맹이 2015년 엄청난 부패와 뇌물 스캔들에 휘말렸다. 연맹 고위 관리 7명이 취리히 특급호텔에서 체포되었다. 작전은 흡사 테러 용의자나 암흑가 범죄자 소탕을 위한 것처럼 은밀하고 계획적으로 이뤄졌다. 2018년 월드컵 개최지로 러시아가, 2022년 개최지로 카타르가 선정된 데 대한 논란에서 수사는 시작됐다. 조사 결과, TV 방영권 등 다양한 이권을 둘러싼 여러 범죄 행위들이 적발됐다. 7명 외에도 여러 명이 추가로 기소됐다.

현장을 급습한 것은 스위스 경찰이었다. 하지만 이들 뒤에는 미국이 있었다. 미국 FBI가 비밀리에 수사를 진행했으며, 그를 통해 24년이나 이어진 공갈과 사기 행위를 적발해냈다. FIFA 임원들 몇몇은 형사 고발됐다. 미국 법무장관이던 로레타 린치는 '이들의 부패야말로 조직적이며 뿌리 깊이 만연한 심각한 범죄'라고 비난했다.

그런데 그 일에 왜 미국이 나선 걸까? 축구는 미국인들에게 인기 종목도 아니다. 어떤 면에선 생소하기까지 해서, 연맹의 범죄 따위가 관심사일 이유가 없다. 단 하나의 이유는 바로 그들이 주고받은 뇌물이 달러였기 때문이다. 미국의 은행이나 금융 시스템을 통과한 달러가 포함된 모든 거래에 대해, 미국은 법적 권한을 가진다. 엄격한 자금 세탁 방지법 때문에 은행이나 직원들은 돈의 출처에서 이동경로까지 꼼꼼하게 기록해둬야 한다.

미국 법이 힘을 미치는 범위는 매우 광범위하다. 국경 따위는 아무 장벽도 되지 못한다. 미국은 세계 곳곳에서 힘을 과시하는 걸 두려워하지 않는다. 특히 남미처럼 달러가 흔하게 통용되는 곳에선 더욱 그렇다.

브라질 최대의 건설회사 오데브레시Odebrecht는 중남미 각지에서 계약 체결을 대가로 공무원들에게 거액의 뇌물을 준 혐의로 미국의 타깃이 되었다. 이 회사는 브라질만이 아니라 자금 출처인 미국과 스위스에도 거액의 과징금을 지불해야 했다.

미국은 자국의 금융 시스템과 관련된 모든 거래에 대해 자국과 동등한 사법권을 행사한다. 혹여 모스크바 호텔이나 식당에서 달러를 지불했다 해도 마찬가지다. 미국은 사실상 달러 덕에 세계경찰 노릇을 할 수 있는 권한을 부여받은 셈이다. 심지어 자국의 인터넷 서버를 거쳐 간 이메일에 대해서조차 고발권을 행사할 수 있는데, MS나 구글 등 인터넷 기업들은 이런 조치에 대해 강한 불만을 제기하기도 한다.

미국의 간섭에 분개하기는 러시아도 예외가 아니다. 미국에게 모스크바 월드컵의 신뢰성을 떨어뜨릴 권한이 있는가? 스포츠에서든 비즈니스에서든, 명성은 매우 중요하다. 이 사건으로 모스크바 월드컵 후원을 철회한 기업들이 많았다. 월드컵 공식 후원업체로 이름을 올렸던 소니나 에미레이트항공 등이 러시아 월드컵 후원을 보이콧했다. 스캔들이 FIFA라는 브랜드를 망쳐놓은 것이다.

미국 달러가 세계 최고의 화폐로서 위치에 확고히 한 것은 1944년에 브레턴우즈 회의다. 같은 회의에서 IMF와 세계은행도 만들어졌다. 이들이 주창한 취지는 세계 재정의 안정성 보장, 빈곤 타파와 경제 성장 촉진이다. 그러나 여기에는 달러가 기축통화로 역할하게 함으로써 추락하는 달러의 입지를 확고히 하기 위한 목적이 숨어 있었다고 비평가들은 입을 모은다. 결국 달러는 무역에 사용되는 핵심 통화이자, 각국이 현금을 보관하는 매개로 자리 잡았다. 달러를 향한 끊임없는 구애, 그에 따른 미국의 영향력을 보장하는 것이 바로 이 체제다. 여기에 유로, 파운드, 엔이 가세했고, 이들 국가의 든든한 경제력이 보증해주는 덕택에 이들 4개 통화는 현금을 보유할 가장 안전한 수단으로 받아들여졌다. 오늘날 전 세계가 보유한 외환보유액의 85퍼센트가 이들 4개 중 하나다. 이들의 세계 경제 참여도나 인구, 토지는 절대 그만큼이 아닌데도 말이다.

그렇다면 이러한 강대국의 횡포에서 벗어나려는 움직임은 없었을까? 2014년 7월 브라질 포르탈레자에서는 차세대 강국으로 꼽히는 BRIC(브라질, 러시아, 인도, 중국) 정상회담이 열렸다. 이들은 세계 경제활동의 약 1/4분을 차지한다. BRIC 외무장관들은 서로 손을 맞잡고 다정한 포즈를 취했다. 이 회담의 취지는 다정함 이상이었다.

이들은 세계은행에 대적할 신개발은행New Development Bank 설립을 위해 공동의 예비금을 마련했다. 그리고 독자적 준비통화를 만들 계획도 세웠다. 이 계획은 중국이 주도했다. 중국으로서는 위안화가 준비통화가 된다면, 자국 통화 가치가 더 안정화되어 다른 통화 보유량을 줄여도 될 것이다. 중국이 핵심 승자가 되겠지만, 나머지 국가들 역시 힘을 합쳐 서구의 지배에 도전하고자 했다.

이들의 시도는 현재 중단된 상태다. 이들이 기대만큼 눈부신 성장을 달성하지 못한 것도 한 가지 이유다. 중국 통화의 신뢰도가 높아지고, 달러 패권이 위협받고 있다고 생각하는 이들도 있을 것이다. 그러나 위안화가 달러와 같은 리그에 들어가려면 아직 갈 길이 멀다. 중국과 러시아는 직접 통화 스와프에 체결해, 달러를 배제하려 했다. 하지만 막상 시도해 보니 중국이 사용하는 루블화가 러시아가 사용하는 위안화에 비해 현저히 적었다.

풍요의 역설 혹은 검은 황금의 저주가 사방에서 러시아를 공격했다. 그 영향을 상쇄하려면 러시아는 수출을 다각화하고 내수를 성장시켜야 한다. 자급자족이 수월해지고 수입에 대한 의존이 줄어들면, 루블화의 가치 변동에도 덜 흔들리고 달러의 위력에도 덜 민감하게 반응하게 될 것이다.

무기를 파는 일은 전 세계적 폭력을 부채질하는 의심스러운 행위로 보일지 모른다. 하지만 냉정한 돈의 관점으로 보면, 러시아를 비롯한 무기 수출국에겐 수익성 높은 비즈니스일 따름이다. 물론 석유 말고도 다이아몬드, 철 같은 천연자원이 풍부한 축복 받은 러시아로서는 다른 선택권도 있다.

2015년에는 곡식 등 식품 수출로 무기 판매보다 더 많은 수입을 올렸다. 하지만 국제 곡물가는 유가처럼 예측이 불가능하며 큰 폭으로 등락한다. 제대로만 한다면 러시아로서는 무기를 파는 편이 더 확실한 사업이다. 석유에서 벗어나 수출 다변화를 꾀하는 데도 중요한 역할을 한다.

러시아 노동자들은 월 평균 300달러(35만 원) 정도를 번다. 운 좋은 사업가들은 그보다 수천 배 많은 돈을 벌기도 한다. 서구 사회보다 불평등 격차가 극심하다. 외국에 근사한 저택을 두고 호화요트와 전용기, 심지어 축구팀까지 소유한 올리가르히들은 평범한 러시아 사람들과는 전혀 다른 세상에 사는 이들이다.

러시아 부자들의 돈은 다 어디로 흘러갈까?

무기 수출업자로서는 지금 벌어들이는 1달러 한 장 한 장이 너무도 소중하다. 언제 중국이 뒷덜미를 잡을지 모를 일이다. 그런데 힘겹게 벌어들인 그 돈을 맡겨두기에, 러시아 은행은 별로 미덥지가 못하다. 더 큰 문제는 어디가 안전하고 어디가 불안한지 측정조차 할 수 없다는 것이다. 국가는 은행을 관리 감독하는 데 있어 투명하지도 객관적이지도 않다. 그러니 수백만 달러를 맡겨야 하는 무기 수출업자는 불안할 수밖에 없다. 미국과 EU의 제재 탓에 해외에 개설해둔 은행 계좌와 자산이 압수되거나 동결되는 일도 잦다.

그럼 무기 수출업자 드미트리는 달러를 어디에 보관할까?

투자 대가로 시민권을 제공하기 시작하자, 키프로스가 러시아 자금이 향하는 목적지로 큰 인기를 끌었다. 키프로스 여권은 내리쬐는 태양을 즐기는 여생을 약속함과 동시에, 부정축재 혹은 세탁한 자금을 숨길 은신처를 제공했다. 이들이 벌어들인 달러가 모두 제대로 얻어진 것은 아니다. 2017년 조사에 따르면, 러시아 부호 천여 명이 이미 키프로스 시민권을 획득한 상태다.

유럽 유수의 은행 입장에서도 러시아에서 들어오는 자금은 매력적이다. 하지만 제대로 처리하지 않으면, 큰 해가 된다. 독일 최대 은행인 도이치은행이 낭패를 보았던 경험을 잘 증언해줄 것이다. 도이치은행 모스크바 지점은 1998년에 설립되었는데, 당시 국제적인 은행들은 글라스노스트 이후의 러시아 골드러시에서 한몫 잡으려고 치열한 경쟁을 벌이고 있었다. 그들은 한때는 낙후됐지만 다시 급속하게 호황을 누리는 구소련 경제 체제에서, 손쉽게 돈을 벌 수 있는 방법을 발견했다.

2017년 도이치은행은 강탈, 뇌물, 무기 밀수 등 불법적인 수단으로 취득한 더러운 돈을 세탁하는 과정에 도움을 주었거나 이를 교사한 죄목으로, 미국과 영국 금융 감독기관에 기록적인 액수의 벌금을 물어야 했다.

도이치은행은 미러 트레이딩mirror trading 시스템을 고안해냈는데, 이를 활용하면 부유한 러시아인들이 루블화를 다른 통화로 손쉽게 바꿀 수 있었다. 방법은 이렇다. 우선 고객 명의의 루블화로 러시아 주식을 매입한다. 매입 금액은 미화로 수십만 달러에 해당하는 액수다. 동시에 그 주식을 다른 지역에서 달러나 파운드로 매각한다. 이 주문은 역외 페이퍼컴퍼니 이름으로 진행한다. 이렇게 세탁된 돈은 올리가르히들의 자녀 유학자금 등의 명목으로 지급되어 현금화된다.

무려 2년 반에 걸쳐 2천 건 이상의 미러 트레이딩을 성사시킴으로써, 도이치은행은 수십억 달러를 주물렀다. 〈가디언〉 등 유력 언론은 이런 활동을 일컬어 '러시아 최대의 비즈니스'라고 했는데, 소비에트 붕괴 후 권력 쟁탈전에서 흔한 거래 양태였다. 미러 트레이딩을 가리키는 콘비어트konvert라는 러시아 별칭까지 생겼을 정도다.

은행이나 금융기관이 돈 세탁을 묵인할 경우, 실형을 비롯한 무거운 처벌이 내려진다. 이 경우는 대놓고 범죄를 저지른 경우다. 도이치은행은 국내외적으로 명성에 걸맞지 않는 수치를 맞닥뜨리게 됐다. 독일의 유력지 〈슈피겔〉은 이렇게 썼다. "우리의 자랑스럽던 기관이 엄청난 부를 쌓은 소수를 위한 셀프서비스 뷔페로 전락했다.…… 이들의 에고이즘, 무능, 거짓, 타락과 오만이 부끄럽다." 부적절한 금융상품 판매 등 도이치은행이 휘말린 스캔들을 파헤친 장문의 기사 타이틀은 '독일 금융계 선두주자는 어떻게 길을 잃었나?'였다. 이 사건 이후, 도이치은행은 모스크바 지점을 축소했다.

그러나 독일은 유럽 중에서도 러시아와 가장 유대관계가 좋은 나라다. 유럽연합이 러시아를 제재할 때, 최후까지 망설였던 것도 이 나라다. 독일이 쓰는 천연가스의 40퍼센트는 러시아에서 끌어온다. 그 덕택인지 천연가스 사업만은 제재의 칼날을 피할 수 있었다. 독일이 영향력을 행사했다는 것은 주지의 사실이다.

흥미롭게도 독일은 여전히 러시아 부자들의 돈이 가장 많이 향하는 곳이다. 물론 이전보다 독일의 은행과 거래하기가 한결 까다로워진 것은 사실이다. 하지만 좀 더 안전한 투자처를 찾는 러시아 부자들의 달러가 대거 독일로 흘러간다.

이제 우리의 1달러는 유럽의 심장, 독일 베를린으로 향한다. 주변에 행선지를 소문내선 안 된다. 이번 여행은 좀 은밀하게 진행될 테니까.

Germany

7장

독일 베를린에 도착한 1달러

장벽을 허문 포용주의 독일 경제의 새로운 실험

THE
ALMIGHTY
DOLLAR

The trials of a blended family
Russia to Germany

'유행의 첨단을 걷는 흥미진진한 일상, 도심 생활의 여유를 만끽하세요!'

원목 바닥에다 말끔한 크롬 마감재, 잘 손질된 잔디밭이 딸린 아파트 단지를 소개하는 안내장에는 부럽기 그지없는 현대인의 말끔한 도시적 삶이 그려져 있다. 하지만 이 광고는 과장이 좀 심하다. 실제로 가보면 이 아파트는 전용면적이 24~48평방미터(7~14평)밖에 안 되는 초소형 주택이다. 물론 러시아의 큰손 드미트리는 실제 거기 직접 들어가서 살 게 아니라서, 신경 쓸 필요가 없지만 말이다.

세계에서 가장 활기찬 국제도시로 꼽히는 베를린. 이곳은 마치 자석처럼 유럽뿐 아니라 전 세계인들을 끌어들인다. 사람만이 아니다. 몇몇 유럽 도시들처럼, 베를린 역시 세계의 투자를 끌어당기는 인기 지역이다. 싱가포르, 중국, 이스라엘 투자자들까지도 이 아파트에 눈독을 들인다.

우리의 1달러도 여기 안전자산 쇼핑 여행에 나섰다. 위험하게 번 돈이 이제 은밀하고 편안하게 머물 곳을 찾아왔다. 1달러의 여행은 여기서 어떻게 펼쳐질까?

돈 있는 사람은 다 사둔다는 베를린 부동산

새로운 유형의 부유한 투자자들이 전 세계 곳곳으로 부동산 쇼핑에 나선다. 그리고 이들이 전 세계 부동산 지도를 바꿔나간다. 베를린 재개발 활성화에 러시아에서 온 달러도 한몫을 한다. 우리의 1달러도 그 대열에 끼었다. 잠깐! 미안하지만 그러려면 독일 최대의 은행인 도이치은행에서 유로화로 옷을 바꿔 입어야 한다. 유로존에 들어서려면, 우리의 1달러는 여태까지 입었던 캐주얼한 옷을 벗어던지고 품격 있는 유럽 옷으로 갈아입어야 한다.

최근 들어 유럽 전역의 도시들로 더욱 활발히 돈이 쏟아져 들어온다. 비단 유로존만이 아니다. 도심에 아파트를 살 형편이 되는 런던 시민이라면, 이제 전 세계 구매자들과 경쟁해야 한다. 주택, 아파트, 사무실, 토지 할 것 없이, 런던 한곳에만 2009년부터 2016년 사이 무려 1,500억 달러(177조 원)가 넘는 외화가 쏟아져 들어왔다. 물론 투자자들 입맛에 맞게 좋은 조건을 내걸었기에 그렇다. 캐나다나 스위스와 달리, 영국은 외국인의 부동산 소유에 대한 제약이나 불이익이 거의 없다. 그만큼 단점도 있다. 가격과 경쟁률 역시 천정부지로 올라갔다. 그 대안으로, 베를린이 새로이 각광 받고 있다.

베를린에 부동산을 구입하는 가장 큰 목적은 임대 수익이다. 이곳은 유럽에서도 가장 큰 시장이다. 임대 수요가 워낙 많다 보니, 정작 주택 자가 소유 비중이 제일 낮은 도시이기도 하다. 독일인 중 주택 보유 인구는 절반가량 되는데, 이는 스페인에 비하면 매우 낮은 수준이다. 그중에서도 베를린은 전국 평균의 절반에도 미치지 못한다. 매년 4만 명가량이 베를린으로 이주하는데, 유입 인구보다 주택 공급량이 턱없이 부족하기 때문에 이들 부동산에는 해마다 막대한 프리미엄이 붙는다. 세계에서 가장 활기찬 도시, 인기 있는 주거지인 베를린의 부동산 시장은 그렇기에 더 매력적이다. 오늘날엔 인터넷 덕택에, 안전한 곳에 돈을 투자해서 높은 수익을 올리고 싶은 누구라도 여기 뛰어들 수 있다.

유럽의 도시들은 왜 전 세계 투자자들에게 문호를 활짝 개방하는 것일까? 자국의 영토가 외국인의 손에 넘어가고, 과도한 투기가 조장될 수 있는데도 말이다. 혹자는 외국인 투자를 통해 주택을 비롯한 건설 사업을 활성화해서 공급을 늘리기 위한 것이라고 주장한다. 물론 막대한 건축비가 드는 대형 건물에는 그런 투자가 필수적이다. 고층 건물이 적기로 유명한 런던도 최근 카타르 자금을 투자 받아 건설한 샤드 빌딩 등이 새로운 스카이라인을 만들어가고 있다. 이는 곧 자국 부의 확대를 의미하므로, 어느 정도는 맞는 얘기다.

그러나 외국인 투자에 긍정적인 면만 있는 것은 아니다. 새로이 주인이 된 외국인들이 지역민의 요구에 부합하지 않는 선택을 할 수도 있다. 베를린에서도 매물로 나온 한 아파트 건물이 룩셈부르크 투자회사로 넘어가게 되자, 지역 주민들이 들고 일어난 사례가 있다. 그럴 만한 이유도 있다. 2002년부터 2007년 사이 공영아파트 10만 채 이상이 민간이나 외국인에게 팔리면서, 집세가 평균 50퍼센트나 치솟았던 것이다. 결국 지방정부가 이 건물을 매입해서 공공주택으로 전환했다.

런던 시장 사디크 칸은 외국인 투자자들이 런던의 주택들을 '투자용 황금벽돌' 정도로 여긴다며 비난했다. 이에 공감하는 주민들도 많다. 이들은 구입한 주택을 임대해 수익을 가져가기도 하지만, 단순한 시세차익만을 목적으로 방치해두기도 한다. 경쟁 때문에 집값만 올라가고, 정작 영국인들은 점점 더 집을 사기 어려워진다. 런던 부동산의 7퍼센트 가량이 외국인 소유라는 조사 결과도 있다. 특히 부유한 지역이나 중심가에서 1백만 파운드(15억 원)를 호가하는 부동산을 매수하는 이들은 절반 이상이 외국인이다. 그 결과 지역 주민이 교외로 쫓겨나야 한다면, 보통 일이 아니라고 느낄 것이다.

부의 집중 현상이 계속되면서, 국경을 넘어 부동산을 소유하고자 하는 흐름은 더욱 확산될 것이다. 돈은 바야흐로 전 세계 곳곳을 이동한다. 대규모 투자자나 정부가 FDI(외국인 직접투자)를 통해 돈을 굴리듯이, 개인도 더 큰 이익을 찾아서 해외로 눈을 돌린다.

부동산 가격이나 물가 면에서 베를린은 너무 비싼가? 그렇다면 폴란드 바르샤바 같은 새롭게 부상하는 도시는 어떨까? 투자를 원하는 자금은 지금 이 순간에도 전도유망한 도시를 찾아 여행을 떠나고 싶어 한다. 글로벌 환경에서는 그 자리에 그대로 머물러 있는 것이 사실상 거의 불가능하기도 하다.

미국은 왜 전범국가 독일과 일본을 되살렸을까?

독일은 여러모로 온갖 종류의 투자를 끌어들이는 매력적인 곳이다. 앞으로도 상당 기간 그럴 것이다. 유럽의 중심부이자 경제 강국인 독일은 제조업이 강세고 전 세계에 온갖 제품을 판매한다.

도이치은행은 한때 러시아와의 거래로 곤경에 처했지만, 러시아 부자들의 달러는 여전히 세계에서 제일 안전한 은행으로 가기를 선호한다.

도이치은행을 위시로 한 독일 대형은행은 150여 년에 걸쳐 유럽 최고의 부자 국가와 그 운명을 같이해왔다. 도이치은행은 1870년 설립되었는데, 초창기부터 제약회사 바이엘이나 자동차 회사 다임러-벤츠 등 오늘날에도 명성이 높은 독일 거대기업을 만드는 데 주도적 역할을 했다.

독일은 '월터 로스토의 경제발전 5단계(110쪽 참조)'를 교과서적으로 따른 나라다. 1차 세계대전 당시에 이미 독일은 군사 장비 등 산업 생산 기반을 갖춘 상태였다. 무기 개발은 자금과 노하우 축적 면에서 산업 발전에 도움이 되는 효과적인 영역이다. '금융-산업 발전-군비 증강'은 근대 산업 사회 번영의 근간이 되는 축으로 연결되어 있다.

1차 세계대전은 독일의 운명을 바꿔놓았다. 패전 후 독일 정부는 330억 달러(현재 환산액 4,500억 달러, 530조 원)를 배상금으로 지급해야 했다. 이를 위해 차관을 대거 도입했는데, 가장 큰 비중이 달러였다. 전쟁 중에 돈을 마구 찍어냈던 게 더욱 화근이었다. 재화는 부족한데 돈은 남아돌았다. 독일 통화였던 마르크 가치가 급속히 떨어졌다. 빵 한 덩어리를 사려면 손수레 가득 지폐를 싣고 가야 할 정도였다. 1914년에 달러당 4.2마르크이던 환율은 10년도 안 돼 달러당 무려 4조 2천억 마르크가 됐다.

1924년 연립정부가 들어서서 새로이 국립은행을 설립하고 화폐를 개혁하면서, 환율은 겨우 안정을 찾을 수 있었다. 구권은 모두 소각됐다. 그러나 살아나기 시작한 경기를 만끽하려던 1929년, 월가의 주가 대폭락이 일어났다. 미국 은행들은 대출금 회수에 나섰지만, 독일은 달러가 충분하지 않았다. 영세한 은행들이 무너졌고 다시 경기가 침체되고 실업률이 치솟았다. 이렇듯 팽배한 사회적 불만은 결국 국가사회주의 나치즘이 패권을 획득하는 데 결정적인 영향을 미쳤다.

　나치 시대, 도이치은행은 유대인 기업을 몰수하는 등 히틀러 정권에 적극 부역했다. 암흑기였다. 그러나 2차 세계대전에 패망한 후 서독의 소위 '라인강의 기적'을 위해 이들은 기꺼이 희생을 마다하지 않았다. 독일이 다시금 세계 재패의 야욕을 품지 못하도록, 분할 통치가 결정되었다. 이들은 베를린장벽을 사이에 두고 서독과 동독으로 나뉘었다.

　미국은 전후 서유럽 국가들의 재건을 위해 수십억 달러 규모의 마셜플랜Marshall Plan을 개시했다. 1940년대 판 FDI라고 할까. 산업 경제의 기반이 충실했던 서독은 확실한 유럽 경제 견인의 발판으로 보였다. 냉전 체제 하에서 동독을 등에 지고 있는 서독이야말로 미국의 가장 견고한 동맹국임에 틀림없었다.

　서독이 유럽에서 가장 강한 국가로 우뚝 서는 데 있어서 가장 큰 조력을 한 주체는 바로 '달러'였다. 우수한 산업 경쟁력과 강력한 금융업의 뒷받침으로, 독일은 유럽 최강의 경제 대국으로 자리 잡았다. 전후 상당 기간 동안 금지되었던 무기 생산 분야에서도 얼마지 않아 오랜 동안 축적해둔 저력과 노하우를 십분 활용할 수 있었다.

　이런 형태의 경제적 기적은 전후 패전국 일본에서도 똑같이 반복됐다. 전후 복구를 위해 미국에서 지원한 두둑한 현금과 후원에 힘입어, 빠른 산업화를 이룩했던 것이다.

　두 나라 모두 생산성을 높이고 국민들의 생활수준을 향상시키는 데 전력을 다했다. 그리고 마침내 이 둘은 산업 경제의 등불로, 전 세계가 인정하는 품질과 첨단기술의 대명사로 자리 잡게 되었다. 전쟁에서 두 나라의 침략을 받았던 국가들로서는 매우 억울하고 불쾌한 일이 아닐 수 없다. 독일과 일본의 경제 부흥은 돈과 기계의 결합을 통한 것으로, 그들의 재건을 도왔던 선진국들은 승전국으로서 전리품을 차지하기도 전에 오히려 이들의 도전에 맞닥뜨리는 당황스러운 상황에 처하게 됐다.

산업 사회의 성공 공식이 독일과 일본을 통해 검증되었다. 1990년대에 이르러 두 나라의 생활수준은 세계 최고를 구가했고, 이들을 앞선 나라는 오직 미국 하나였다. 전쟁에서 패한 지 50년이 지난 후, 독일과 일본은 자신들이 제품을 내세워 전 세계 도처에서 파운드, 달러, 엔화를 마구 끌어 모았다.

전후 독일의 경험은 유럽 이웃 국가들과 매우 대조적이다. 그리스 역시 전후 복구를 위해 많은 지원금이 투입된 나라다. 그를 통해 어느 정도의 성장도 이뤘다. 다만 차이가 있다면, 그리스는 상당 기간 소모적인 내전 상황을 거쳐야 했고, 출발점이 독일보다 훨씬 뒤처졌다는 점이다. 당시 그리스의 1인당 평균소득은 독일의 절반도 되지 않았다. 금융이나 산업 기반도 부실했다.

돈이 들어오자 그리스는 빠른 속도로 되살아났다. 제조업 부문이 호황을 누리면서 1950년대와 60년대에는 유럽에서 가장 빠른 성장률을 기록했다. 1970년대 초반에 치솟는 유가로 큰 타격을 받기 전까지는 선진국들을 잘 따라잡고 있었다. 이때 많은 나라가 고통을 겪었지만, 그리스에서는 연료비 상승과 군사독재 정권의 실정이 동시에 일어났다. 경제는 마비된 상태로 제자리걸음을 했고, 일반 그리스인들의 수입은 1979년부터 1987년 사이 전혀 늘어나지 않았다. 제조업 경쟁력이 떨어지고 은행에 현금이 부족해지자 이 나라는 다시 뒤처지게 되었다.

그리스는 정부가 더 많은 자금을 투입해 상황을 해결하는 쪽을 택했다. 이미 비대한 상태였던 공공부문에 더 많은 일자리를 만들었다. 그러려면 차관을 끌어들여야 했는데, 투자자들에게 매력적인 대상이 아니었기 때문에 높은 금리를 지불해야 했다. 국가 신인도 하락으로 그리스 화폐인 드라크마의 가치는 더욱 떨어졌다. 결국 1990년대에 들어 이웃 국가들이 그리스에 구명 뗏목을 제공해야 하기에 이르렀다. 이후로 독일과 그리스의 운명은 불가분의 관계에 놓이게 되었는데, 마침내 2차 세계대전 이후 마셜플랜에 의해 대거 유입된 달러가 유럽의 통합을 매개하게 되는 계기가 된다.

뭉쳐야 강해진다! 경제의 새 판을 짜는 유럽

전쟁이 끝난 후, 유럽석탄철강공동체European Coal and Steel Community라는 소박한 단체가 하나 결성된다. 고만고만한 처지의 유럽 국가들인 벨기에, 프랑스, 서독, 이탈리아, 룩셈부르크,

네덜란드 등이 구성한 정치·경제 협력체다. 이들은 평화롭게 무역을 하자는 목표로 친목을 다지고 공동의 이익을 도모하고자 했다.

이렇게 시작한 결속은 점점 더 성장해서 자신들끼리 무역을 할 때에는 관세를 철폐하기로 결의하기에 이른다. 이들은 얼마 지 않아 식료품 생산도 공동으로 하기로 합의한다. 미약하게 시작한 협력체가 유럽경제공동체European Economic Community, EEC라는 공통의 시장으로 진화하게 된 것이다.

1970년대 초에 이르러, EEC는 영국, 덴마크, 아일랜드 등 신규 회원국을 받아들였다. 오일쇼크 시기에는 부유한 국가들이 가난한 회원국을 도울 수 있도록 규칙을 변경했다. 1980년대에는 포르투갈, 스페인, 그리스가 합류했다. 마침내 1993년 EEC는 유럽연합European Union, EU으로 이름을 바꿨다.

극적인 변화는 1990년 베를린장벽 붕괴와 더불어 찾아왔다. 공산권 치하에서 벗어난 동구권 국가들이 속속 가입한 것이다. 2007년까지 동구권 11개국이 합류했고, 그 와중에 스웨덴, 오스트리아, 핀란드도 가세했다. 6개국으로 시작된 연합은 28개 회원국으로 불어났다. 2016년 현재 5억 명 이상이 EU 울타리 안에서 살고 있다.

오늘날 이 혼합가족의 구성원은 엄청나게 다양하다. 외형, 부유함 정도, 필요와 경험은 저마다 다 다르다. 일례로 창립 멤버인 독일의 경제 규모는 에스토니아보다 150배나 크다. 그로 인해 막상한 영향력을 행사한다. EU의 중심에는 유럽에서 제일 부유한 국가인 프랑스와 독일의 긴밀한 유대가 자리 잡고 있다.

크고 작은 국가들이 왜 이렇게 앞 다퉈 EU에 가입하고 싶어 한 걸까? EU는 과연 회원국들을 위해 무엇을 해줄 수 있을까?

EU는 미국에 대적하는 동시에 발흥하는 개발도상국들과의 경쟁에서 승리하기 위해, 제품을 사고파는 자기들만의 시장으로서 무역 블록을 만들고 싶었다. 이들은 1986년 '자유롭고 평화로우며 편리한 삶'을 기치로, '국경을 넘어선 4개(사람, 돈, 서비스, 상품)의 자유'를 보장하는 유럽통합법Single European Act에 서명했다.

상품이 자유롭게 이동한다 함은 회원국 간에는 관세 없이 물건을 사고판다는 의미다. 그러니 국경을 넘을 때 세관을 통관할 필요가 없고, 모든 국가에서 동일한 규정과 법률을 적용 받는다. EU 외부와 거래할 때에도 관세동맹을 통해 동일한 조건을 부여 받는다. EU 장벽을 통해 싼 임금으로 경쟁업체보다 낮은 가격에 제품을 공급하는 중국과 같은 국가가 수출하는 제품의 유입 속도를 늦추고, 유럽 내부 생산업체에는 관세 면제로 경쟁우위를 제공한다. 아무리 작은 나라라도 똑같은 혜택을 받기 때문에, 발전이 더디고 독자적인 힘이 약한 회원국에게 EU라는 방패막이는 더욱 소중하다. 헝가리의 경우 무역의 80퍼센트가 EU 회원국 대상이다.

시행한 지 30년이 넘은 이 법률은 유럽 상품의 경쟁력을 높이고 더 많은 시장을 열어주는 데 톡톡히 역할을 했다. OECD 집계에 의하면, 단일시장 형성 이전에 비해 EU 회원국 간 무역량은 70퍼센트 넘게 늘어났다. 급속히 변화하는 세계 시장에서 유럽이 자신의 지위를 확고히 하고, 회원국 기업들이 경쟁력을 유지하는 데 큰 도움이 된다. WTO 통계 역시 1980년에서 2011년 사이 전 세계 무역량이 9배 증가했고, 그 절반은 개발도상국이 차지한다고 집계한다. EU라는 단일시장이 없었다면, 이들은 금세 이들 경쟁자들에게 시장을 빼앗겼을 것이다.

단일시장이 잘 작동하자, EU는 자체 통화를 개발하기로 한다. 1992년 12개 회원국이 유로euro로 상징되는 추가적인 화폐 통합에 합의했다. 달러와 대적할 만한 무역 준비통화이자 은행 지급준비금으로 사용될 기축통화로 유로의 위상이 설정됐다. 회원국의 모든 국내 통화는 유로로 대체하는 게 구상이었다.

지금으로선 상상이 잘 가지 않겠지만, 유로가 도입되기 전에는 유럽 전역을 여행하는 여행객은 매번 현지 통화로 환전하느라 수수료만으로 여행 경비의 상당량을 허비해야 했다. 단일통화를 도입하면, 여러 지역의 개인과 기업이 상품과 서비스의 가격을 서로 비교하기 용이하다. 기업은 무역수지 대차대조표를 손쉽게 작성할 수 있다. 새로운 통화의 탄생은 투자 유치와 일자리 창출에도 기여할 것이다.

유로존을 통해서 회원국들은 러시아의 신흥 부자들 등이 가진 돈이 가고 싶어 하는 안정되고 효율적인 투자처로 각광 받게 될 것이다. 특히 규모가 작고 가난한 나라들이 공신력 있는 화폐를 사용하게 됨으로써, 신뢰를 얻게 될 공산이 크다. 자국 통화 대신 유로를 사용하면 그리스는 EU의 대표주자인 독일과 프랑스가 확보한 신뢰와 안정성을 나눠 갖는 셈이다. 독일 역시 손해 보는 장사가 아니다. 그들은 큰 인기를 누리는 자국 통화를 포기하는 대신, 더욱 성장하는 유럽이라는 집단의 강력한 리더로서 지위를 굳건히 하게 된다. 자국 통화보다 상대적으로 약세를 보이는 유로 덕택에 수출품은 가격 경쟁력을 얻고 시장을 확대할 수 있다.

여러모로 좋은 계획으로 보였다. 하지만 일국의 화폐를 바꾼다는 것은 그리 간단한 일이 아니다. 이렇듯 대규모로 단일 법정화폐를 도입한 선례도 없다. 어떤 변수가 생길지 모르기 때문에, 유로존에 속할 나라들은 계획을 촘촘히 세워야 했다. 각국 경제가 안정적이고 경제적 수렴기준에 충족하는 경우에만 합류할 수 있도록, 유로존 가입 규정을 명시한 마스트리히트 조약 **Maastricht Treaty**이 마련되었다.

그리스와 독일 두 나라만 봐도, 유럽 각국이 처한 경제 상황이 얼마나 다른지 알 수 있다. 수백 년간 서로 다른 환경에서 성장해온 서로 다른 역사, 민족, 지역적 특색까지는 언급할 필요도 없다. 조약에 따르면, 유로존 소속 정부의 재정적자는 연간 GDP의 3퍼센트 이하로 제한된다. 재정적자란 지출 대비 세수 사이의 격차gap를 나타내는데, 정부 재정이 안정적이고 상환 가능한 범위에서 운용되어야 한다는 의미다. 유로존으로 통합된다 해도 세금 부과나 지출 통제는 각국 정부가 맡지만, 재정 건전성을 유지하는 선에서 지출해야 한다. 재정적자가 심해지면 수십 년에 걸쳐 그 부채를 갚아야 한다. 상환 능력에 부합하도록 유로존 회원은 GDP의 60퍼센트를 넘지 않는 선에서 정부 부채를 관리해야 한다.

각국은 금리와 물가 상승률 역시 비슷하게 유지해야 한다. 경제 운용에서 지출과 저축을 컨트롤하는 주요 수단이 바로 금리다. 이는 성장과 인플레이션에도 영향을 미친다. 그러므로 회원국 간에 금리와 물가 상승률을 맞춰나가는 일은 경제를 한 방향으로 추동하고 비슷한 주기로 수렴시키는 것을 의미한다. 향후에는 유로존 회원국 금리를 유럽중앙은행ECB이 결정할 것이다. 단일 통화에는 단일 금리가 적용돼야 마땅하다.

하지만 독일 같은 튼튼한 거인과 그리스 같은 허약체질의 국가에 맞춰 규칙을 조정하는 것은 쉬운 일이 아니다. 이 과정에서 어떤 규칙들은 다소 느슨해졌다. 유로 실험을 비웃던 이들은 그런 조화가 불가능하다고 여겼다. 통화 통합 실험을 주도한 정치 지도자들이나 경제 설계자들은 자신들의 실수를 무마하기 위해 현실로 드러난 모순을 감추려는 경향이 있다.

현재는 감춰져 있는 결함 몇 개가 10년 후에는 더 커져서 큰 상처로 벌어질 수도 있다.

결혼생활이 어떻게 마냥 좋기만 하겠어?

영국은 처음부터 이 모든 걸 부정적으로 봤다. 영국 정부는 유로 존 가입에 따르는 변화를 시뮬레이션하기 위해 다양한 자체 테스트를 진행했다. 상품 가격, 금융 서비스, 일자리 등에 미칠 영향을 예측하면서, 자국 경제와 유럽과 잘 어울리는지 그리고 경제 위기가 닥칠 경우 어떻게 될지 등을 다각도로 분석했다.

다시 말해 이들은 EU가 제안한 단일한 유니폼, 즉 유로와 그에 따른 단일 금리라는 새 옷이 자신들에게도 잘 맞을지 검토한 것이다. 이들의 체크리스트는 방대해서 무려 19권에 달하는 조사보고서가 탄생했다.

결론은 영국 경제와 유로존은 맞지 않는다는 것이었다. 오히려 식민지 시절 형제 국가인 미국 쪽이랑 호흡을 맞추는 편이 더 나았다. 영국은 유로를 정중히 사양하고, 파운드를 고수하기로 결정했다. 영국인들 특유의 자존심과 고집도 한몫 했다.

모종의 창조적 회계 절차를 거쳐, 마침내 1999년 유로가 탄생했다. 2002년에는 EU 초기 회원국인 12개국 통화가 모두 유로로 바뀌었다. 2016년 현재 유로는 19개국에서 법정통화로 사용된다. 이들의 합산 GDP 규모는 중국과 맞먹는다. 전체 인구가 중국보다 훨씬 적다는 걸 감안하면 1인당 소득은 훨씬 높은 셈이다. 유로는 미국 인구보다 많은 3억 4천만 명 이상이 사용하는 통화가 되었다.

미국은 유로가 글로벌 기축통화인 달러의 자리를 밀어내지 않을까 우려했다. 하지만 곧 균열이 실체를 드러내기 시작했다. 행운인지 불운인지 몰라도 이전에는 자체적인 장단점이 있던 자국 통화를 사용하던 국가들이 이제 달러, 엔, 위안, 파운드와 경쟁하는 이 강력한 새로운 통화에 좌우된다. 유로의 운명은 유럽 평균의 분위기에 따라 움직이므로, 장점과 단점을 상쇄해 모호한 이점만을 제공한다.

공통의 확고한 철학에 바탕을 두곤 있지만, 회원국 각자가 처한 상황이 다르고 한목소리를 내기도 힘들다. 이탈리아, 독일, 프랑스만 합쳐도 유로존 GDP의 절반이다. 금리 결정에선 이들의 목소리가 절대적이다. 그렇게 결정된 금리 때문에 수많은 문제가 파생된다.

각국의 중앙은행은 금리를 무기로 경제를 미세 조정한다. 유로화가 도입될 당시, 유럽중앙은행ECB은 높은 실업률 때문에 경기부양이 절실했던 독일의 이해를 바탕으로 금리를 책정했다. 금리 인하로 독일에서는 시중 자금이 풍부해지고 소득이 늘었으며 저축보다 소비 성향이 강해졌다. 반면 저금리는 경기를 냉각시켜야 하는 아일랜드에게는 악재였다. 신용대출이 늘고 소비가 늘었으며, 자산가치의 거품과 부실이 커져갔다. 아일랜드 사람들은 켈트족 호랑이라고 불렸다. 현금이 넘쳐났고 물가가 상승했다. 경기에 대한 낙관으로 주택 담보대출이 확대됐고, 부동산 버블도 심해졌다. 15년이 흐른 지금, 아일랜드의 실업률은 처음 유로존에 가입했을 때보다 높은 수준이다.

유럽의 탕아 그리스는 애초에 유로존 가입이 거절된 나라다. 다른 나라들보다 국가부채가 과도했다. 재정적자를 일으켜 분에 넘치는 지출을 해왔던 것이다. 호황이 이어졌다면 아무 문제없이 지나갔을지도 모른다. 그리스는 별 문제를 일으키지 않고, 유로존 경제 역시 긴밀히 통합되며 내성이 생길 때까지 순조롭게 항해했을지 모른다. 그러나 2008년 금융 위기가 닥치자, 구성원들의 문제점과 격차가 낱낱이 드러나기 시작했다.

한 국가가 발행하는 채권의 이자율은 해당 정부의 지급능력, 재정능력, 신용도에 따라 정해진다. 유로존 회원국들의 국채 금리는 큰 격차를 보인다. 단일통화에 동일한 금리를 적용하는 것과 무관하게, 각국이 아직 완전히 통합되지 못했다는 증거다. 그리스 정부의 부실을 우려한 투자자들이 그리스 채권을 처분하기 시작했다. 앞으로는 돈을 빌리려면 더 많은 이자를 내야 한다는 의미다.

ECB가 유로존 기준금리를 정해놓았기 때문에, 갑작스런 금융 경색에 빠진 국가들이 자국 금리를 인하할 재량이 없었다. 금리를 재빨리 인하했더라면 소비가 늘어 경기부양 효과를 누릴 수도 있었을 것이다. 그러나 금융 위기 여파로 어려움에 빠진 국가들은 포르투갈, 이탈리아, 그리스, 스페인 등 유로존 경제의 1/5분밖에 안 되는 마이너리티들이었다. 이들의 이니셜을 모으면 PIGS라는 조합이 된다는 것은 아이러니한 노릇이다.

그들은 동료 회원국들의 지원이 간절했을지 모르지만, 독일은 자국 납세자가 낸 돈을 다른 국가를 구제하는 데 사용하지 않겠다는 의사를 분명히 했다. 통화로 연결되기는 했지만 그 이상의 강한 유대는 기대하기 어려웠으며, 병약한 국가들은 스스로 난관을 헤쳐 나가야 했다.

그러나 그리스를 위시로 심각한 금융 위기를 방치하면 유럽 전체가 공멸할 수도 있다. 결국 IMF와 EU가 그리스의 부채 일부를 탕감해주고 긴급 구제금융을 지원했다.

사고 친 십대에게 부모가 그러듯이, 여기에는 조건이 붙었다. 앞으로는 지출을 강력하게 통제하고 공공자산을 매각할 것. 연금 축소, 공공 일자리 삭감, 대폭적인 세금 인상 같은 요구사항도 포함됐다.

EU 국가 중에서도 빈곤한 축에 속하는 그리스인들은 부당한 처사라며 반발했다. 5년에 걸쳐 그리스 연금은 십여 차례 삭감되어서, 40퍼센트나 줄어들었다. 가계는 큰 어려움을 겪었고 경기는 오래 침체일로를 걸었다.

투자자들 역시 마음을 놓을 수가 없어, 여전히 그리스 채권은 취급하지 않는다. 그리스가 유로존을 탈퇴하는 것이 낫다는 그렉시트Grexit 의견까지 나올 정도였다.

업힌 쪽이 손해보고, 업은 쪽이 돈을 버는 실험

북쪽의 부유한 회원국들 덕택에 유로존은 금세 회생했다. 〈파이낸셜 타임스〉는 2017년 유로존의 행보야말로 '가장 놀라운 깜짝 성장'이라며 추켜세웠다. 2015년 이후 유로존의 성장률은 미국을 앞질렀다.

심지어 PIGS 국가들조차 어느 정도 제몫을 하고 있다. 2017년 말에 이르면 그리스가 오히려 영국보다 더 높은 성장률을 보였다. 물론 아직 낙관할 단계는 아니다. 여전히 국내 문제가 산적해 있다. 이탈리아의 경우에도 금융기관의 안정성 문제가 계속해서 투자자들의 심기를 거스른다.

전반적으로 아직까지 유로존은 행복한 가족의 모습과는 거리가 있어 보인다. 각국 경제가 아직 하나로 수렴되지 못하고 있다. 물론 같은 미국이라도 뉴욕에 사는 것과 버지니아 농촌에 사는 것은 물가나 생활비 면에서 차이가 난다. 미국산 초콜릿인 마스 Mars 판매가는 같은 유로존 내에서도 어떤 격차가 존재하는지 측정하는 기준이 되어준다. 회원국 간의 성장속도, 부의 수준, 위기 대처방식 등의 차이는 여전히 현저하다.

전 세계적으로 보아 유로는 처음 탄생 때에 비해 그 성장세가 많이 꺾였다. 처음 예상과는 달리, 아직은 달러의 경쟁자가 못 된다. 이 두 단일통화 사이에는 근본적인 차이가 많다. 달러와 유로는 모두 다양한 인구가 살아가는 광범위한 지역을 통합한다. 하지만 달러 사용 지역은 언어가 같다. 달러와 유로 모두 단일한 중앙은행이 화폐를 찍어내고 금리를 통제한다. 즉 통화는 연합되어 있다. 또한 단일시장 내에서 상품, 사람, 화폐가 자유롭게 이동한다. 하지만 연방정부가 세금을 징수하고 중앙집중식으로 사용하는 미국과 달리, 유로존에서는 조세와 정부 지출을 각국이 따로 집행한다. 국가 재정을 통제하고 자원을 공동관리 하는 연합은 존재하지 않는다. 각국이 따로 정부를 선출하고 그 정부가 예산 활용과 국가 운용을 결정한다. 그러므로 유로존에서는 국가 재정도 연합되어 있지 않고, 정치도 연합되어 있지 않다. 미국은 권한이 주 정부에 상당 부분 이양되어 있다고는 하지만, 개별 주가 재정난을 겪을 때는 중앙정부가 세수를 분배해서 도움을 준다. 하지만 유로존에서는 정부가 금리 등 자국 재정을 완벽히 통제할 수 없는데도, 중앙의 지원은 받을 수 없다는 모순이 있다.

어떤 이들은 이런 이유로 유로존이 제대로 작동하려면 훨씬 더 강한 중앙집중식 통합이 필요하다고 강변한다. 하지만 그것은 주권을 더 많이 상실하게 된다는 의미다. 그걸 원하는 이들은 많지 않다.

우리는 유로 실험을 통해 뭘 배웠을까? 흥미롭게도 유럽에서 재정적, 정치적으로 독일이 가장 막강한 위력을 발휘한다는 사실을 배웠다. 비유하자면 업힌 쪽보다 업은 쪽이 더 이익이 되는 희한한 계산법이다. 같은 EU 울타리 안에서 살지만, 그리스 아테네의 빈곤한 가정보다 독일 베를린의 아파트 소유자에게 더 많은 혜택이 놀아갈지도 모른다.

EU의 경제 실험은 분리된 여러 국가들이 통화를 공유하게 되면 어떤 통합의 힘이 생겨나는지를 잘 보여준다. 또 한편으로 아무리 같은 이해관계에서 출발했다 해도, 구성원 간의 힘의 역학관계에 따라서 통합이 오히려 작고 약한 구성원을 굴복시키는 도구가 될 수도 있다는 점을 깨우쳐준다. 이렇듯 돈, 즉 화폐는 교묘하게 우리 삶을 움직이는 힘을 가졌다. 식당에 가서 음식을 사먹고 매장에서 값을 치르는 것 같은 일상적인 일 외에도, 화폐는 엄청난 일들을 해낼 수 있다.

넘나드는 사람과 돈이 만드는 새로운 유럽 지도

러시아의 신흥 부자들은 기꺼이 달러를 유로로 바꿔서, 독일의 부를 소유하고 싶어 한다. 그리고 그들에게는 그럴 수단이 있다. 전 세계에는 독일의 부를 나눠 갖고 싶어 하는 사람들이 많으며, 그들은 그 목표를 위해 다양한 경로로 접근할 것이다.

EU 회원국의 운명은 저마다 다채롭다. 특히 과거 동구권에 속했던 신규 가입국들은 소득이 매우 낮은 편이다. 루마니아 전기기술자보다 독일의 전기기술자가 6배는 더 많이 번다. 물론 베를린에 살려면 부쿠레슈티에 사는 것보다 생활비가 많이 들지만, 그래봤자 2배밖에 안 된다. 이러한 수입과 지출 간의 격차가 바로 생활수준이다. 베를린의 높은 생활수준 덕에 루마니아 전기기술자는 언제든 가방을 챙겨 서쪽으로 향하고 싶은 유혹에 빠진다. 독일의 부에 이끌리는 수많은 유럽 이민자들이 오늘도 국경을 넘는다. 2015년 한해에만 68만 5천 명이 독일로 이주했다. 이들은 부지런히 번 돈을 고향으로 송금하겠지만, 이렇게 한 번 고급인력이 유출되고 나면 고향땅에선 기술 부족에 시달리게 된다.

　루마니아 전기기술자는 훌륭한 기술을 같이 가져온다. 독일이 기술 인력에 굶주렸던 역사는 아주 오래됐다. 1955년부터 1973년 사이 터키나 다른 지중해 국가, 심지어 아시아에서 이주노동자를 초빙함으로써 전후 부족한 인력을 보충해야 했다. 러시아 부자들이 사들일 아파트는 폴란드 출신 배관공이나 루마니아 출신 전기기술자들이 짓고 있을 것이다. 제일 수요가 많은 분야의 인력은 IT 분야의 기술자와 엔지니어들이다. 독일은 오래 전부터 그래왔듯이 다른 나라에서 좋은 인력을 수입하는 걸 마다하지 않는다. 탐나는 기술을 가진 사람은 얼마든지 비자를 신청할 수 있다.

　반면 커피숍, 소매점, 건축현장 등에서 일하는 단순 노동자들은 크게 환영 받지 못한다. 이런 데서 일할 사람들은 얼마든지 넘쳐나고 유럽 각지에서 계속 유입된다. 덕택에 고용주가 상대적으로 낮은 임금을 지불할 수도 있지만, 이들 때문에 자국민이 일자리를 잃고 소득이 동반 하락할까봐 걱정한다. 새로이 유입되는 노동자들은 저임금을 받으면서도 얼마든지 일하려 하고 다른 사람들이 하기 꺼리는 일까지도 하려 든다. 물론 독일은 다른 부유한 유럽 국가들처럼 고령화로 골머리를 썩고 있다. 어떤 영역에서든 노동력은 필요하다.

근대화 과정을 거치면서 한 국가의 인구가 진화하는 방식을 '인구통계학적 전환epidemiological transition'라고 한다. 발달의 초기 단계에는 집집마다 아이를 아주 많이 낳는 경향을 보인다. 의료 시설이나 위생상태가 열악해서 아이들이 유년기를 넘기지 못하고 죽는 경우가 많고, 복지제도가 미비해서 부모들이 나이든 뒤에 보살펴줄 누군가가 필요하기 때문이다. 경제가 발전하게 되면 생활수준도 덩달아 향상된다. 집 밖에서 일하는 여성들이 늘어나고, 가족계획을 통해 아이를 적게 낳는다. 수명은 더 길어질지 모르지만, 길고 풍요로운 삶에는 당뇨와 심장병, 암같은 큰 위협이 따르곤 한다.

독일 인구는 이미 고령화되고 있어서, 독일인 5명 중 하나는 65세 이상이다. 더 이상 돈을 벌지도 세금을 내지도 않으면서, 많은 연금과 의료보험 혜택을 받는 인구가 1,600만 명에 이른다는 의미다. 독일 정부 지출 중 1/4은 노년층을 유지하고 보살피는 데 사용된다. 70세 노인은 30세 젊은이에 비해 건강 관리비가 4배가량 든다. 2040년이 되면 독일인 다섯 중 둘이 65세 이상일 것으로 예상된다. 국고에서 지출하는 비용이 경제성장 속도보다 더 빠르게 늘어난다는 의미다. 그 비용을 부담할 납세자들이 더 많이 필요하다. 점점 더 오래 건강하게 일할 수 있다지만 여전히 매년 50만 명이 은퇴를 하는 반면, 신생아 수는 갈수록 줄어든다.

인구 5명 중 한 명이 은퇴연령인 독일 같은 국가는 단순한 고령화 국가를 넘어서 '초고령화' 국가로 분류된다. 독일, 일본, 이탈리아, 그리스, 핀란드 등이 고령화 배지를 달고 있다. 비노동 인구에게 지출해야 하는 자금을 대려면, 어떻게 충분한 노동인력을 확보할 것인가 하는 대책을 하루 빨리 강구해두어야 한다.

다른 EU 회원국에서 인력을 충원하는 것만으로도 충분하지 않을 수 있다. 부유하건 아니건 가리지 않고 유럽 거의 대부분의 국가에서 고령화가 진행 중이다. 속도의 차이는 좀 있어도 말이다. 신흥국으로 꼽히는 브라질이나 중국 같은 국가의 노령화 속도도 만만치 않다. 특히 중국의 경우 폭발적으로 증가하는 인구를 억제하기 위한 방편이었던 한자녀 정책이 오히려 고령화를 부채질하는 형편이라, 남의 얘기가 아니다. 브라질도 출산율이 낮으면서 더 오래 사는 경향을 뚜렷이 보인다.

껴안으면 더 세진다! 독일 방식이 말해주는 것

길게 보는 혜안 덕분인지 독일 정부는 동유럽으로부터 유입되는 이민자들의 기술과 그들이 내주는 세금을 동시에 환영한다. 독일은 현 인구구조를 유지하기 위해서라도, 매년 25만 명 이상의 이민자를 새로이 맞이해야만 한다. 경제 성장을 지속하고 은퇴자를 부양하려면, 이들 노동자들이 꼭 필요하다. 초고령화 사회에 도달한 다른 선진국도 동일한 문제에 직면해 있다. 이렇게 들어온 이민자들도 언젠가는 은퇴할 나이가 될 테니까, 그들을 먹여 살릴 더 많은 젊은이들이 필요하다. 참으로 난감한 과제가 아닐 수 없다.

그렇다면 부족한 노동력을 보충하기 위해서, 어디로까지 눈을 돌려야 하는 걸까? 지구상에서 가장 젊은 나라들은 나이지리아와 같은 아프리카 지역, 카타르나 바레인 같은 중동지역, 인도와 파키스탄 등 인구가 많은 남아시아 지역에 있다. 기술만 있다면 이런 개발도상국 출신 이민자들 역시 독일은 마다하지 않는다.

독일에는 불청객도 많이 찾아온다. 2015년 메르켈 총리는 이례적으로 독일 국경을 개방했다. 다른 나라들은 난색을 표하는 난민들에게 적극적으로 문호를 열어준 것이다. 시리아 내전으로 발생한 난민들은 터키를 거쳐 에게 해 너머 그리스로 향했다. 메르켈 총리는 이들에게 피난처를 제공했다. 이라크나 아프가니스탄 등지에서 탈출한 이들도 여기 합류했다. 2015년 한해에만 독일로 이주한 난민 등 신규 유입인구는 110만 명에 달한다. 그중 1/3은 시리아 인들이다. 전 세계의 핍박 받는 이들에게 절망을 이겨낼 힘을 주는 인도주의적 행위가 아닐 수 없다.

단순한 난민촌 제공이 아니라 이들을 자국 국민으로 받아들인 독일의 행위는 유럽 내 다른 국가들의 질타를 불렀다. 영국에서 EU에 반대하는 대표적인 정치인으로 꼽히는 나이젤 패라지 Nigel Farage는 메르켈의 이 정책을 일컬어 '1945년 이래 서방 지도자가 저지른 가장 어리석은 외교 실책'이라고 비꼬았다. 난민 포용 정책을 반대하는 다른 나라들 역시, 이 조치로 더 많은 난민들을 유럽으로 불러들일 것이라고 우려했다. 정치적 박해를 받은 진짜 난민뿐 아니라, 단순한 이주 목적의 가짜 난민들까지 몰려들 것이라고 말이다.

이러한 난민 행렬은 21세기만의 전유물은 아니다. 17세기 영국의 종교 박해를 피해, 수많은 이들이 아메리카 대륙으로 향했다. 다만 차이가 있다면, 오늘날엔 전 세계적으로 더 나은 삶을 찾아 기꺼이 이주하고자 하는 이들이 더 광범위하게 존재한다는 점이다. 정치적 이유든 경제적 이유든, 혹은 고갈되어가는 자원이나 개발로 인한 소외에 의해서든, 많은 이들이 고통 받고 있다. 이들이 더 나은 곳으로 탈출하고자 하는 것은 당연한 귀결일지 모른다.

다양한 이주민들 덕에 독일은 50년 만에 처음으로 연간 인구 증가율이 1퍼센트를 넘었다. 신속하게 난민들의 신청 서류를 처리하는 과정에서, 공무원들은 알바니아나 파키스탄처럼 상대적으로 안전한 나라 출신은 무사통과시키고, 시리아처럼 안전과 거리가 있는 나라 출신은 거절한다. 망명이 거절된다 해도 걱정할 것 없다. 슬쩍 사라져서 불법체류자 신분이 되어, 현금만 받는 일자리를 전전하며 살아가면 된다.

무려 100만 명을 상회하는 이주민들이 국경에 도착하자, 독일인들은 본능적으로 경계태세를 취했다. 독일 시민권만 있으면 EU 국가 어디든 마음대로 돌아다닐 수 있기 때문에, 인접한 몇몇 국가들도 똑같이 불안감을 느꼈다. 물론 당장의 경제적 문제도 있다. 독일이 부를 형성하는 데 아무런 기여도 하지 않은 이방인들이 국민 세금에 의존해 살면서 혜택을 주장하고 공공서비스에 무임승차할 것이기 때문이다.

그러나 독일을 비롯해 여러 나라에서 연구한 바에 따르면, 이민자들은 전반적으로 해당 국가 국민 평균과 비슷하거나 더 자질이 뛰어난 것으로 조사됐다. 유럽경제연구센터는 2012년 현재 독일에 거주 중인 해외 여권 소지자 660만 명을 대상으로 그들이 받는 혜택 대비 공헌을 조사했다. 그 결과 이들은 사회복지 혜택에 비해 1인당 연 평균 4,127달러나 더 많은 세금과 연금을 지불함으로써, 그 해에만 220억 유로(28조 원)의 흑자를 발생시켰다. 받는 것보다 주는 것이 더 많다는 말이다.

결국 핵심은 '궁극적으로' 어떻게 될 것이냐다. 이들 이민자들이 노동시장, 사회, 체제의 일원이 되어 적응하기까지는 시간이 걸린다. 길게는 몇 년이 걸릴 수도 있다. 또한 최근 난민들은 더욱 그렇다. 예전에는 기술 여하에 따라 까다로운 선발 기준을 적용해 독일 이주를 결정했다. 하지만 유럽이 단일시장이 되어감에 따라 독일로 이주하려는 숙련노동자의 수는 많이 줄었다. 난민 등 먼 나라에서 2015년 이후에 이주한 이들은 그 이전 이주민에 비해 기술력이 떨어지는 것으로 나타났다.

　노령화된 자국민들을 돌보기 위해 이미 많은 돈을 지불하는 독일인들이 이 새로운 이주민들을 돌보는 일에도 돈을 보태야 할까? 독일 정부에 따르면, 2015년 입국한 난민 100만 명 중 절반 정도가 국가보조금을 받는다. 독일은 한해 난민 지원에만 200억 유로(26조 원) 이상을 지불한다. 독일 입장에선 적은 액수라고 할 수도 있지만, 사소하다고도 할 수 없다.

　그렇다면 난민을 비롯한 이주민들이 가져오는 경제적 효과는 어떠할까? 이들 이주민들에게 가장 위협을 느끼는 건 임금과 기술이 낮은 저숙련 노동자들일 것이다. 옥스퍼드 대학교가 진행한 연구에 따르면, 이주민들의 유입으로 이들의 평균임금이 2퍼센트 정도 내려가는 것으로 나타났다. 물론 이렇게 인구 유입이 늘었는데도 독일 실업률이 치솟지 않은 점을 강조하는 이들도 있다. 독일 경제가 그런 문제를 해결할 만큼 충분히 성장한다는 증거다. 성장이 지속되는 한 어느 정도 잉여 노동력은 충분히 흡수 가능하다. 기초가 튼튼하지 않다면 대규모 인구 유입에 수반되는 사회 문제에 대처하기 쉽지 않을 것이다.

　경제적 영향이 크지 않더라도, 내 자리를 빼앗기지 않을까 막연한 두려움을 갖는 독일인들은 많다. 외부에서 노동력을 충당하는 정책이 장기적인 노령화 해결책이 되지 못한다고 여기는 이들도 많다. 이주민들을 위한 의료와 교육, 사회복지와 공공서비스 수요가 가뜩이나 버거운 부양의 책임을 가중시킬 수도 있다. 범죄나 일탈이 증가하지 않을까 염려하는 이들도 있다.

모든 것이 통합되고 융합되어가는 글로벌 경제 하에서도, 낯선 이들에게 마음을 여는 것은 쉽지 않은 일이다. 하지만 그것만이 경제가 계속해서 성장하고 번영할 수 있는 열쇠일지도 모른다. 우리 주변에 닥쳐오는 거대한 변화와 혼란의 흐름 속에서 매일 매일 적응하며 살아가는 것은 독일 원주민에게도 이주민에게도 똑같이 힘겨운 일이다. 앞으로 어느 나라든 그런 이질감을 이겨내고 적응하기 위한 노력이 점점 더 많이 필요해질 것이다.

프리 패스포팅, 통관도 여권도 필요 없는 돈

코스모폴리탄 용광로, 베를린은 오늘도 붐빈다.

부동산 경기가 좋다는 건 아파트 개발업자로선 반가운 일이다. 베를린의 부동산 경기가 식지 않는 한, 사업은 계속 번창할 것이다. 일자리를 만들어 월급도 주고 세금도 내고 연금도 낸다. 그렇게 쌓인 연기금은 개개인의 은퇴 후 삶뿐 아니라 나라 경제 전체의 흥망을 좌우한다. 그리스인들이 오늘날 절감하듯이 말이다.

러시아의 신흥 부자들은 독일 부동산 시장에 투자한 자신의 돈이 앞으로도 안전하게 운용되기를 바란다. 도이치은행을 통해 교환된 그들의 달러는 러시아 부자들만큼이나 은퇴 후의 풍요로운 삶을 기대하는 이들을 위해 사용된다. 달러는 베를린에서 일하는 누군가의 퇴직연금으로 흘러 들어간다. 아파트 건설현장에서 일하는 기술자, 백화점 판매 사원, 그들을 고용한 회사 사장, 모두가 퇴직연금을 납부한다.

이러한 연기금은 대개 신탁 관리자들, 즉 프랑크푸르트에 있는 펀드 매니저들이 관리한다. 이들은 자신에게 돈을 맡긴 사람들이 은퇴 후에 편안한 삶을 누리도록 앞으로 수십 년간 기금을 잘 운용해 늘려나가기 위해 노력한다.

펀드 매니저 한스 피셔Hans Fischer 역시 그러한 노력을 게을리 하지 않는다. 모든 투자가 그렇듯이, 연기금 운용의 묘미는 최상의 수익률을 거두며 투자액을 확대하는 것, 그리고 안전하게 투자액을 보전하는 것 사이의 균형을 잘 유지하는 일이다. 선택지는 너무나 많고, 빠르게 움직이는 금융시장에서는 매력적인 투자 대상 역시 계속해서 변한다. 지금 그에게는 펀드에 모인 현금을 장기간에 걸쳐 투자할 수 있는 사치가 주어졌다.

하지만 그는 지금, 유로화 가치 하락을 염려 중이다. 위험에 대비해서 유로 일부를 달러로 바꿨다. 이 달러로 미국 투자 상품을 사면 추가적인 수익을 기대할 수 있다. 유로화가 약세일 경우에 대비한 보험이기도 하고, 애써 바꾼 달러를 그냥 놔두는 것보다는 수익을 기대할 수 있다. 어떤 상품이 좋을까? 누구한테 조언을 구하는 게 좋을까?

도움을 얻고자 하는 한스에게 국경 따위는 제약이 되지 않는다. 유럽이 만들어낸 새로운 통합된 시장이 수익을 높이는 데에도 큰 도움이 된다. 은행이나 금융기관이 EU 국가 하나에 지점을 개설하면, 다른 국가 어디와도 자유롭게 거래할 수 있다. EU 용어로는 이를 '패스포팅passporting'이라고 한다. 만약 미국의 은행이 런던에 지점을 두었다면, 부다페스트나 베를린에서도 얼마든지 영업할 수 있다는 말이다.

물론 유럽의 통합 경제 시스템의 수혜를 가장 많이 받는 곳은 영국의 런던이다. 그곳에 가면 달러는 더 많은 투자 선택권이 생긴다. 게다가 수수료도 엄청나게 싸다. 유럽에서 투자를 원하는 돈들이 런던으로 몰려들지 않을 이유가 없는 것이다. 돈과 욕망이 모이는 곳 런던. 그곳에선 무슨 일이 벌어질까?

나폴레옹은 영국을 가리켜 '장사치들의 나라'라고 불렀다. 몇백 년이나 지났지만, 영국 런던에선 아직도 돈 냄새가 진하게 난다. 돈과 욕망이 모인다는 런던. 이곳이 우리의 1달러가 향할 다음 행선지다.

런던에는 가볼 곳이 정말 많지만, 그중에서도 금융 1번지로 향한다. 온갖 투자와 돈벌이의 향연이 그곳에서 펼쳐진다. 돈만 있다면 누구라도 대환영이다. 우리의 1달러도 여기저기서 유혹을 받을 것이다. 그 유혹을 마다할 이유는 없다.

"부의 집중 현상이 계속되면서,
국경을 넘어 부동산을 소유하고자 하는 흐름은
더욱 확산될 것이다.
돈은 바야흐로 전 세계 곳곳을 이동한다.
대규모 투자자나 정부가 FDI를 통해 돈을 굴리듯이,
개인도 더 큰 이익을 찾아서 해외로 눈을 돌린다."

영국 런던에 도착한 1달러

세계 최강의 돈벌이 전문가들의 어제와 오늘

THE
ALMIGHTY
DOLLAR

A bad day for the Masters
Germany to the UK

지금 시각 아침 7시.

에밀리 모건Emily Morgan은 벌써 사무실에 출근해, 책상 앞에 앉아 있다. 한손엔 커피가 담긴 머그컵을 든 채, 화면에 뜨는 정보들을 정신없이 눈으로 훑는다. 출근길 지하철에서 살굿빛 <파이낸셜 타임스>는 이미 일독을 마쳤다.

에밀리의 직장은 금융지구에 숱하게 많은 은행들, 그중에서도 거래소다. 이 시각이면 이미 사람들은 모두 출근해 있다. 팽팽한 긴장감, 짙은 카페인 향기, 베이컨 샌드위치 냄새로 주변 공기는 텁텁한 상태다.

줄지어 빽빽하게 놓인 책상들 앞에 앉은 동료들은 마치 출발 신호를 기다리는 스프린터처럼 온 신경을 곤두세우고 있다. 책상에 놓인 여러 대의 스크린이 최신 정보를 토해낸다. 런던 주식시장이 개장하는 8시를 향해 마지막 카운트다운이 시작된다.

우리의 1달러는 여기, 첨예한 경쟁이 판치는 돈벌이의 전장에 들어왔다. 에밀리가 베를린의 한스에게 추천할 만한 가장 수익률 좋은 상품을 골라내면, 그곳으로 언제든 건너갈 것이다. 그 전까지 1달러는 전 세계 금융의 심장이라 불리는 이곳 런던에서 과연 어떤 일들을 벌어지는지 생생하게 구경하게 될 것이다.

세계 금융의 심장, 런던의 하루가 밝았다!

에밀리가 하는 일은 일종의 금융 세일즈다. 좋은 투자처를 찾는 거물들을 유혹할 만한 상품을 고르고 추천해주는 게 그녀의 일이다. 퇴직 연기금, 부유한 국가의 잉여자금, 다른 은행들까지도 고객 리스트에 포함된다. 거래가 성사되면 주문은 거래소의 트레이더에게 전달한다. 알다시피 오늘 에밀리가 만족시켜야 할 고객은 베를린에 있는 연기금 매니저 한스다.

우선 매일같이 쏟아지는 애널리스트들과 경제학자들의 조언을 경청한다. 이쪽 분야에서 그들이 하는 일은 마치 수정 구슬을 들여다보고 미래를 읽어주는 점쟁이처럼, 수익성 좋은 투자 상품을 쪽집게처럼 짚어주는 일이다. 종목이 정해지면 트레이더에게 주문을 전달하고 수요와 공급을 감안해 석정가를 성한다. 주문에 맞는 매물이 나오면 거래가 이뤄진다. 한스가 믿고 맡긴 달러가 에밀리와 트레이더의 손을 통해 투자처로 간다. 에밀리는 유럽보다 상대적으로 금리가 후한 미국 은행에서 미국 자산을 매입할 것을 권했다. 물건을 사는 건 간단하다. 클릭 한 번이면 된다.

거래소 벽 위에는 각각 도쿄, 뉴욕, 시드니, 부에노스아이레스의 현지시각을 알려주는 시계가 나란히 걸려 있다. 런던은 비단 유럽만이 아니라 전 세계의 금융 수도다. 그리니치 세계표준시의 한복판, 뉴욕보다 5시간 빠르고 일본보다 9시간 늦은 세계시간의 정중앙에 있다는 것은 큰 장점 중 하나다. 게다가 영어는 글로벌 표준 비즈니스 언어다.

베를린의 한스는 유로를 다시 달러로 바꿔 이곳으로 보냈다. 우리의 1달러도 다시 이곳으로 왔다. 한스가 의뢰한 투자금은 매일 런던을 거쳐 가는 수조 달러 중 극히 일부에 불과하다. 돈이란 세계 경제가 순조롭게 운영되게 해주는 윤활유이자 생계를 계속해서 이어갈 수 있게 해주는 연료다. 그리고 그 돈을 관리하는 일은 영국이 아주 오랫동안 해온 거대한 비즈니스 중 하나다. 세계의 많은 돈이 런던에 모이고, 이 도시는 아주 오래 그리고 탁월하게 그걸 관리해왔다.

19세기 영국 동요 중에 이런 가사가 있다. "작은 소녀는 뭐로 만들었을까? 설탕, 향신료, 그리고 모든 좋은 것들!" 만약 이 질문을 '세계 금융 시스템은 뭐로 만들었을까?'로 바꾼다 해도 같은 대답이 나올 수 있을 듯하다.

주식회사, 기업공개, 증권가가 태어난 나라

1600년 런던에서는 동인도회사East India Company가 설립되어서, '대항해 시대'에 전 세계를 누비던 상인들을 한데 불러 모았다. 이 회사의 목표는 비단, 소금, 차 등 극동지역 상품의 수송과 거래를 용이하게 하는 것이다. 이 회사는 지분, 즉 주식을 발행해 여러 명의 주주에게 판매했고 그 비율에 따라 발생하는 이익을 나눴다. 이런 형태의 기업을 주식회사joint stock company라고 명명했다. 이는 새로운 방식의 기업으로 설령 회사가 파산하더라도 투자자 한 명이 모든 책임을 지고 망해야 할 필요가 없었다. 책임과 권리 모두 보유한 주식 가치만큼 나눠 갖는다.

2년 뒤, 장사라면 둘째가기 서러운 네덜란드인들도 동인도회사를 설립했다. 한발 더 나아가서 이 회사 주식은 암스테르담 증권거래소라는 시장에서 공개적으로 사고팔 수 있었다. 이렇게 주식을 거래할 수 있었기에 투자자들에게 이 회사가 더 매력적으로 받아들여졌고, 회사 역시 번영과 성장을 위해 필요한 자금을 원활히 공급받을 수 있었다.

런던의 주식거래소는 19세기에 처음 설립되었다. 오늘날의 거래소를 떠올리면 오산이다. 첫 주식 거래소는 도심의 유명한 커피 하우스에서 시작했다. 상류층 신사들이 여기서 만나 시장 가격을 상의하고 투자 정보를 교환했다.

런던과 암스테르담의 동인도회사는 상업적으로 모두 성공했다. 특히 영국은 이 회사를 통해 인도를 지배했다. 이러한 유산이야말로 근대적 자본주의와 현대금융의 근간이 되었다.

대영제국이 확장되면서, 런던은 세계적인 금융 중심지가 되었다. 그러나 진정 현대적인 의미의 국제금융 시발점이자 모두의 주목을 받게 된 계기는 영국이 금융시장 규제를 철폐한 1986년의 금융 빅뱅big bang이었다. 런던 증권거래소에서 대면해서 '호가 공개 방식'으로 직접 주식을 거래하던 시대는 끝났다. 전자거래가 표준이 되었고, 누구라도 액수에 상관없이 거래할 수 있게 되었다.

21세기 들어서는 사람과 자본을 대규모로 연결시켜주는 전례 없는 스케일의 발 빠른 글로벌 금융 시스템 기술이 정립되었다. 낡은 규정집은 폐기되었고, 경쟁은 더 치열해졌다. 해외 기업도 런던 시장에서 거래할 수 있다. 규제도 거의 사라져서 미국을 제외하면 거의 따라올 나라가 없을 정도로 자유로워졌다.

런던은 금융 수도로 급부상했다. 본래 런던 시티는 동쪽 런던 타워와 서쪽 블랙프라이스로 둘러싸인 평방마일(약 2.6평방킬로미터)을 의미했다. 하지만 금융기관이 엄청나게 많이 생겨나면서 현재는 동쪽으론 커네리워프, 서쪽으로는 벨그라비아까지 뻗어 있다.

2016년 현재 금융 산업은 연간 1,800억 달러(212조 원)에 달하는 수익을 거두며, 100만 명이 넘는 인력을 고용해 영국 경제 발전에 크게 이바지한다. 단연코 영국에서 가장 수익성이 높은 부문으로, 럭셔리 매장이나 최고가 주택 시장을 유지시켜주고 정부에 지속적인 세수를 약속하는 원동력이다. 하지만 그 수혜 대부분은 런던과 그 남동부 지역에 국한된다. 그래도 덕분에 많은 이들이 큰 부를 쌓았고, 전 세계의 노련한 금융 전문가들이 런던에 살기 위해 몰려들었다. 미국 은행이 영국에 지점을 내는 것은 너무도 당연한 일이다. 그래야 유럽 전역을 대상으로 은행 업무를 할 수 있기 때문이다. 이들이 해외 고객과 거래하면서 얻는 수수료와 수익은 모두 영국 금융 서비스 '수출'로 간주된다.

금융 빅뱅은 런던 금융 부문의 규모와 범위만 바꾼 것이 아니다. 그 안에서 일하는 사람들도 변화시켰다. 1980년대 말이 되자 중절모를 쓰고 서류가방을 든 상위 중산층 계급의 전형적인 신사들 대신 줄무늬 셔츠 차림에 샴페인을 홀짝이는 멋쟁이 젊은 이들이 대거 등장했다. 여피족yuppies이라고 불리는 이들이다. 세계대전의 그늘에서 나고 자란 부모 세대의 엄격한 관습 따위는 사라졌다. 과잉이 다시 유행하기 시작했다. 이들은 엄청난 거금을 벌어들이고 그에 걸맞은 빵빵한 보수를 받았다. 펜트하우스, 사교 모임, 바닷가 별장에 돈을 쏟아 부었다. 고급차나 요트 판매상들은 덩달아 호황을 누렸다.

물론 미국 월가에는 그렇게 으스대며 활보하는 이들이 너 많았다. 야심차게 돈을 좇는 이들의 모습을 그린 톰 울프Tom Wolfe 의 《허영의 불꽃The Bonfire of the Vanities》에서 이들은 '우주의 주인'으로 그려진다. 모두가 부유한 가정 출신은 아니다. 막대한 부를 향한 약속은 부유하지 않은 쪽에 더 큰 동기부여가 된다. 탐욕은 선한 것이 되었다.

그런 만큼 경쟁은 치열하다. 사다리의 꼭대기까지 올라갈 수 있는 사람은 극소수에 불과하다. 돈을 벌어주면 대접 받지만, 실적이 나쁜 하위 10퍼센트는 가차 없이 해고된다. 에밀리 역시 고객과 관계를 돈독히 하면서 달러를 지키는 일을 빈틈이 없이 해내려 한다. 18세기에 런던의 커피 하우스에서 사교모임을 하던 신사들과 오늘날 에밀리가 하는 일은 크게 다르지 않다.

돈을 굴리는 방법 1. 주식 투자, 채권

에밀리가 독일의 연금 매니저인 한스에게 제안할 수 있는 선택은 여러 가지가 있다. 하지만 시간이 지날수록 좋은 걸 골라내기가 점점 까다롭고 복잡해지고 있다. 선택권이 많다는 것은 그만큼 대다수 사람들이 남는 여윳돈을 가지고 뭘 해야 할지 도무지 갈피를 잡지 못한다는 의미다. 개인만이 아니라 은행이나 정부도 뭘 선택해야 할지 점점 더 힘들어한다.

첫 번째 선택은 암스테르담이나 런던의 동인도회사에 투자하듯이, 기업의 일부분 즉 주식 같은 단순한 상품에 투자하는 것이다. 오늘날 기업은 기업공개initial public offering, IPO를 통해서 투자자들에게 주식을 매각한다. 이름에서도 알 수 있듯이, 누구라도 회사의 일부를 살 수 있다. 이렇듯 주식을 공개하면 투자를 많이 유치할 수 있다는 장점이 있지만, 주주들의 요구에 일일이 응해야 할 의무가 생긴다. 트위터, 구글 등 거대 IT 기업들도 이런 식으로 시장에 자사 주식을 내놓으면서 엄청난 반향을 일으켰다.

　기업 주식에 투자하는 개미 투자자들도 엄청나게 많다. 이론적으로는 누구라도 지분을 소유할 수 있다. 1980년대 영국은 여러 공공부문을 민영화해서 지분을 매각했다. 방만한 공공기관을 좀 더 효율적이고 생산적으로 움직이게 하겠다는 의도였다. 서민들이 금융 시스템에 투자하게 함으로써 기업가정신을 북돋울 수도 있다. 하지만 대부분 이런 지분은 연기금 같은 대형 기관투자자들에게 돌아갔다.

　기업의 시장가치는 주식가치의 총합이다. 자산가치가 큰 기업들은 한 국가의 주가 흐름을 대표하는 지수index들에 포함된다. 대중에게 공개된 기업들의 주가 흐름을 한눈에 보여주는 것이 바로 이러한 지수들이다.

　영국을 대표하는 FTSE 100에는 우량기업으로 꼽히는 보다폰, HSBC 등이 포함된다. 그보다 작은 규모의 기업은 FTSE

250에 들어가는데, 대개 영국에서는 유명하지만 세계적으로는 덜 알려진 기업들이다.

대부분 국가에는 하나 이상의 지수가 있다. 미국은 30개 초우량 기업을 포괄하는 다우존스Dow Jones와 기술주 위주의 나스닥NASDAQ, 각 분야의 500개 기업을 포괄하는 S&P 500이 있다. 프랑스에는 CAC 40, 독일에는 DAX, 일본에는 니케이 Nikkei 225, 중국에는 상하이Shanghai 지수, 인도에는 뭄바이 센섹스Mumbai Sensex가 있다. 이들은 모두 각 국가 대표기업의 역량이나 약점 등을 측정하는 수치로 기능한다. 환율처럼 한 나라의 경제력을 살펴보는 기준이 되는 것이다.

투자 매니저들은 이 지수에서 선택한 우량주들로만 구성된 펀드를 출시하기도 하는데, 이런 펀드에 투자하는 것은 통상 인기 있고 쉬운 선택이다. 투자자라면 배당금을 지급할 만큼 이익을 내는 기업 주식을 사고 싶어 하고, 주가가 올라서 매각할 때는 투자금보다 더 많이 회수하기를 원하니까 말이다.

주식의 주인은 아주 빈번하게 바뀌고 투자자들은 여러 이유로 주식을 사고판다. 앞으로 더 큰 수익이 예상된다거나 해당 분야가 각광 받는다거나 경영자가 바뀌는 등 주가에 영향을 미치는 이른바 '펀더멘틀fundamental'은 중요한 판단 기준이다. 일례로 월마트 주가는 고객들의 평균 구매 금액의 영향을 받을 것이다.

하지만 민감한 기업의 실적 정보를 누구나 마음대로 입수할 수 있는 것은 아니다. 투자자는 항상 기업이나 경영자에 비해서는 그들의 성과에 대해 잘 알지 못한다. 투자자는 몇 가지 수치를 가지고 어느 정도 추측을 해야만 한다. 정보 비대칭의 대표적인 예다. 물론 기업 자신도 스스로의 앞날을 완벽히 예측하기 힘들다. 그러니 무슨 수를 써도 완벽한 정보를 확보하는 건 불가능하다.

결국 해당 기업의 전망에 대한 직감으로 투자 결정이 이뤄지는 경우가 많다. 입수 가능한 정보를 바탕으로 최대한 향후 전망을 해석해낼 수도 있다. 예를 들어 최근 월마트의 매장 배치가 바뀌어서 고객들에게 혼란을 주고 있다든가 하는 직감이나 해석말이다. 특정 기업의 전망과 직접적인 관련이 없을지 몰라도, 해당 분야나 경제계 전반, 주식시장 전체의 흐름을 기준으로 투자 여부를 판단할 수도 있다.

투자자들은 때로 다른 투자자들을 따라 판돈을 걸기도 한다. 이런 이유로 경제학자들은 주식시장을 카지노에 비유하기도 한다. 플레이어는 상대방의 다음 수를 짐작해 그보다 앞서려고 노력한다. 미인대회 1등 맞추기 내기와 비슷하다. 자기가 제일 예쁘다고 생각하는 후보 대신 모두가 제일 예쁘다고 생각할 법한 후보에게 돈을 건다. 직감과 본능일 뿐이고, 정확하다고 할 수 없다.

물론 기업이 항상 펀더멘틀에 따라서만 등락하는 게 아니다. 주가 역시 기업이나 경제의 실상을 정확히 반영하지는 못한다. 즉 주식시장이 언제나 합리적이고 효율적인 것은 아니라는 말이다. 경마장이나 카지노처럼 투자 현장에서도 감정이 많은 것을 지배한다. 감정이란 시장 전반에 대한 느낌이다. 그래서 '경제는 심리'라고 한다. 투자자 전반이 시장에 대해 낙관적이고 향후 주가가 오를 것이라고 기대하면, 황소 즉 상승 장세bull market가 이어진다. 반면 먹구름이 몰려들기 시작하면 곰들이 엉금엉금 기어 나온다. 18개월 이내에 20퍼센트 이상 하락하는 흐름을 가리켜, 곰 즉 하락 장세bear market라고 한다.

주가가 크게 하락할 때마다 언론은 '폭락crash'이라는 표현을 동원해 얼마나 많은 가치가 공중으로 증발했는지 묘사하기를 좋아한다. 이런 금융 용어들은 과도하게 남용되는 경향이 있다. 일례로 영국의 FTSE 100 시장이 연이틀 10퍼센트 이상 하락하면 폭락이라는 단어가 등장한다. 그런 기사를 읽은 투자자들이 패닉에 빠져 주식을 던지기 시작하면 하락세는 더욱 확대된다. 충격파가 걷잡을 수 없이 커지면 투자자들뿐 아니라 전 세계 경제에 커다란 흔적을 남기는 엄청난 지진파로 발전한다. 1929년 대공황이나 2008년의 금융 위기 등이 그런 예다.

이보다 흔하지만 여전히 시장에 좋지 못한 현상은 조정 국면 correction이다. 일정 기간에 걸쳐 주가가 서서히 10퍼센트 가량 하락한다. 과도한 기대에 의해 시장이 과대평가되었다고 판단되었을 때 열기를 식혀가는 과정이다. 조정 국면은 주가가 과도하게 올라서 활황의 물결을 타고 과도한 투자가 진행되었을 때, 즉 버블이 지나치게 확대된 후에 따라온다.

이 역시 새삼스러운 일은 아니다. 1711년 남미를 에워싼 남태평양 해역의 모든 무역 권리를 사들이기 위해 회사 하나가 설립되었다. 동인도회사가 큰 성공을 거두고 주가가 크게 오르자, 런던의 투자자들은 이 남해회사South Sea Company의 주식을 손에 넣으려고 아우성이었다. 이들은 완전한 미개발 상태에 있는 미지의 부를 약속했다. 유사 회사들도 여럿 생겨났다. 방만한 경영 탓에 성과도 없이 장밋빛 약속만 남발하고 있다는 사실을 투자자들은 몰랐다. 실제로 이 회사는 주가를 부풀리기 위해 있지도 않은 성공담 뜬소문까지 퍼뜨렸다. 실체가 밝혀졌을 때, 사람들은 수익도 보장되지 않는 회사 주식을 말도 안 되는 엄청난 가격에 사들였다는 걸 깨달았다. 1720년 주가는 폭락했다. 이 지역 개발을 빌미로 투자를 유치하는 '남해 버블'은 더 이상 존재하지 않게 되었다.

그로부터 100년도 채 지나기 전, 지금 우리가 아주 잘 아는 해프닝도 있었다. 네덜란드에서 귀중한 취급을 받던 튤립을 둘러싼 투기 열풍이다. 튤립 구근을 사려고 일반인들까지 평생 모은 돈을 쏟아 부었다. 모두가 원하니까 비싸더라도 사두면 앞으로는 더 오를 것이라 기대했다. 하지만 튤립 버블은 얼마지 않아 꺼졌고, 그 여파로 네덜란드 국가 경제 전체가 흔들거렸다.

종종 경제뉴스를 접하는 독자라면, 앞으로 주식시장에 무슨 또 좋은 날이 오겠나 싶은 생각이 들 수도 있다. 시간문제일 뿐이지 결국 주가는 하락하게 되어 있다고 말이다. 그런 위험한 상품에 우리의 연기금을 투자하는 게 옳을지 의문이 들기도 할 것이다. 하지만 당신이 가입한 연금 역시 대기업 몇 곳의 주식에 발을 담그고 있을 공산이 크다. 당신의 미래가 그 기업들의 앞날과 연결되어 있는 셈이다.

미국의 주가지수는 1950년 이래 매년 7퍼센트씩 상승했다. 물론 해당 국가의 경제 전망에 따라 이 수치는 다를 것이다. 하지만 대체로 기업의 수익 증가율은 평균적인 경제성장률이나 물가 인상률을 상회한다. 물론 최근 몇 년 동안은 이전에 비해 상승세가 꺾였다. 연기금 같은 큰손들이 투자에 어려움을 느끼는 이유도 여기 있다. 그러나 짧은 기간 등락은 있어도 긴 안목으로 보아 주가는 계속해서 상승한다. 하지만 '주가가 연일 소폭 오르고 있다'거나 '오늘 수십억 달러를 벌어들였다'는 헤드라인은 그다지 극적이지 못하다. 폭락이나 증발 같은 단어들에 비해서 말이다.

주식 투자는 어느 정도 위험을 동반한다. 하지만 국가 정책과 기업의 행보에 따라 위험 정도는 다르다. 인도처럼 젊고 빨리 성장하는 나라는 성장도 그만큼 더 빠르겠지만, 리스크도 더 크다. 어느 나라든 식품, 에너지, 의약품 등은 경기 변동의 영향을 덜 받기 때문에 리스크가 적은 편이다. 경기가 어려워져도 밥은 먹어야 하고 난방도 해야 하고 치료도 해야 하기 때문이다. 반면 특정 업종은 경기 변동의 영향을 많이 받는다. 예를 들어 불경기에는 사치품 판매량이 줄어들 것이다. 흥미로운 건 경기가 침체되면 립스틱 판매량은 오히려 상승한다는 것이다. 적은 돈으로도 살 수 있는 작은 사치품은 불경기에 가라앉은 기분을 북돋는 데 도움을 준다.

돈을 굴리는 방법 2. 외환, 파생상품, 옵션

한스는 독일 연기금 펀드 중 일부를 파운드로 환전해서 영국 기업 주식에 투자할 수도 있다. 그도 아니라면 중국 정부나 다른 많은 투자자들이 하듯이, 꾸준히 사랑 받아온 미국 국채 투자도 고려할 수 있다. 통화 자체에 투자하는 방법도 있다.

거액의 투자자가 특정 통화를 사들이는 데는 실리적 이유도 있다. 예를 들어 브라질 금리가 높을 때는 브라질 화폐를 사서 그 돈을 브라질 저축 계좌에 넣어두면 더 높은 수익을 얻을 수 있다. 이렇듯 금리가 낮은 통화를 다른 통화로 바꾸는 것을 '캐리 트레이드carry trade'라고 한다. 이런 현금성 투자는 높은 유동성을 유지한다. 즉 언제든 쉽게 꺼내 쓸 수 있다는 얘기다. 물론 자금 중 일부를 브라질 자산, 즉 주식이나 채권에 투자해서 더 높은 수익을 얻기 위해 유동성 일부를 포기할 수도 있다.

실상 금융시장에서 외환 거래 대부분은 감정과 투기에 근거해 일어난다. 외환 딜러들에게 '요즘 환율이 어떻게 움직이는가?' 물어보면, '아랍 매수'라거나 '일본 매각'처럼 이해하기 어려운 말을 내뱉을 공산이 크다. 이 분야에서 제일 중요한 것은 여론의 향배다. 특정 국가의 금리, 성장전망, 정치적 안정성 등에 대해 시장이 어떻게 느끼느냐에 따라, 순식간에 방향이 뒤바뀐다. 사소한 경제 데이터 하나, 중앙은행장의 말 한마디조차 큰 빌미가 된다. 2014년 러시아 루블화 폭락 사태가 그랬던 것처럼 말이다.

이쪽 딜러들은 입버릇처럼 '소문 따라 사고, 사실 따라 판다'고 말한다. 바람이 부는 방향을 반 박자 정도 먼저 읽는 게 중요하다. 엄밀한 사실만큼이나 감정과 느낌은 외환 시장을 움직이는 강한 힘이다. 통화 역시 주식처럼, 매우 엄정하고 효율적이라고는 할 수 없는 시장에서 사고 팔리는 셈이다. 외환 딜러들은 경제 분야의 큰 그림을 정교하게 그리지 못한다. 그들이 가진 정보는 불완전하다.

주식, 외환 투자 각각 저마다의 복잡성을 가지며 때로 리스크를 동반한다. 하지만 여기까지는 투자의 기초이자 오랫동안 선호해온 믿을 만한 투자 상품들이다. 이것 말고도 투자 상품은 얼마든지 다양하다. 좀 더 모험을 즐길 태세가 되어 있는 투자자라면 '파생상품derivative'이라는 푯말이 걸린 낯선 구역에 도전할 수도 있다.

파생상품에도 꽤 다양한 상품이 있다. 공통점은 '무언가 다른 것으로부터 가치를 끌어낸다'는 것이다. 파생상품은 음식으로 비유하면 도넛과 같다. 유혹적이지만 실질적인 영양가는 부족하다. 본래 투자자들이 돈을 걸어서 돈을 벌도록 고안되었지만, 주식과 달리 실제 어떤 종류의 투자 혹은 실체를 대상으로 하지 않는다. 어떤 면에선 한낱 약속, 공허한 약속에 불과하다.

'옵션option'은 무엇일까? 옵션이란 주식, 채권, 상품, 외화를 특정 날짜에 특정 가격으로 매입하거나 매도할 수 있는 권리다. 개념이 어려우니까 여기서는 매입에만 국한해 설명해보려 한다. 권리가 있다고는 해도 반드시 살 필요는 없다. 석유 살 때 예로 든 선물과는 다르다. 선물 계약을 하면 구매자는 합의된 날짜에 합의된 가격을 지불해야 한다. 양측 모두 리스크가 있다. 이럴 경우 옵션을 매도하거나 매입해서 향후 시장 상황 변동에 따라 생겨날지 모를 리스크에 대비한다.

본래 파생상품은 리스크를 예방하기 위해 고안된 일종의 보험상품이었다. 예를 들어 3개월 안에 석유를 배럴당 80달러에 살 수 있는 옵션을 구입했다고 해보자. 이걸 20달러에 팔면, 구매자는 20달러라는 헐값에 기름을 산 셈이니까 유가 폭등의 리스크를 피할 수 있고, 판매자는 유가가 폭락하더라도 배럴당 최소 20달러는 받을 수 있는 보장이 생겼다. 투자자들은 리스크를 분산하거나 예방하기 위해, 한 상품에 대해 여러 종류의 옵션을 매매할 수 있다.

정확성을 요하면서도 수익성이 높은 이 기법은 헤지펀드 hedge fund의 폭발적인 성장을 가져왔다. 헤지펀드 매니저는 한 가지 거래에서 최대한 많은 돈을 뽑아먹기 위해 꼼꼼한 공식, 전략, 로켓과학과도 같은 정교한 메커니즘을 구사한다. 이들은 실제 자산을 사고파는 데 관심이 있는 게 아니라, 온갖 종류의 거래로 돈을 만들어내는 데 관심이 있다. 그것을 위해 시장이나 기업 전반의 모든 기회들, 즉 인수합병이나 파산 같은 모든 종류의 거래에 관심을 기울인다.

본래 파생상품이 시장에서 리스크를 제거하기 위해 고안되었다지만, 실제로는 거의 투기에 활용되면서 오히려 리스크를 증가시켰다. 이 초현대판 카지노에서 노는 헤지펀드, 은행, 투자자들은 이제 종래의 단순한 상품에는 웬만해서 흥미를 느끼지 못한다. 21세기 초에 이르러 많은 이들이 다양한 실험을 해보고 싶어 했고, 더 다양한 파생상품이 개발되었다. 버튼만 누르면 팔리는 금융상품을 개발하는 창조적인 비즈니스인 셈이다. 실제로는 화면 안에만 존재하는 방정식과 숫자에 불과하지만, 현실 세계에도 큰 영향을 미칠 수 있다.

여기 위험한 폭탄 몇이 시중을 떠돌고 있었다. 20세기 후반 은행들 사이에서 큰 인기를 모았던 CDOcollateralised debt obligations(부채 담보부 증권)와 CDScredit default swaps(신용부도 스와프)라는 고삐 풀린 파생상품들이 그것이다. 이들은 규제 당국의 감독이 느슨한 틈을 타, 금융 시스템 전체를 오염시키고 만다. 시작은 달러였다. 지금 우리와 함께 여행하고 있는 텍사스 월마트에서 출발한 달러, 중국의 공장과 이라크의 유전, 러시아의 무기 공장, 독일 연기금 펀드의 달러는 아니다. 미국 주택 소유자들의 달러, 아니 정확히 말하면 그들 손에 있지도 않은 달러로부터 시작되었다.

미국과 유럽을 울린 금융 위기의 주범

플로리다 주 올랜도Orlando는 런던에서 대서양을 건너 6,400킬로미터 떨어진 곳에 있다. 온화한 기후 덕에 인기가 좋은 주거지역이다. 로렌의 사촌인 폴라 밀러 역시 그런 이유로 2002년 이곳으로 이주했다. 집을 살 형편은 아니었지만 정규적인 수입이 없어도 낮은 금리에 대출을 해준다기에 용기를 얻었다.

왜 그렇게 돈이 싸고 흔했을까? 당시 미국 중앙은행인 연준 Federal Reserve(연방준비제도이사회) 의장이던 앨런 그린스펀 Alan Greenspan과 관련이 있다. 2001년 미국 경기는 불황의 늪에 빠져 있었고, 아시아 금융 위기의 여파로 해외 수요도 불안정했다. 엎친 데 덮친 격으로 9.11 테러까지 발생했다. 경제 위기에 대한 우려가 커졌다. 연준은 기준금리를 대폭 인하했다. 연초에 6퍼센트였던 것이 연말에는 1.75퍼센트로 떨어졌다. 경기를 살리기 위해 금리를 인하하는 한편 대출을 완화했다. 신용 대출 덕택에 소비자 지출이 늘었다. 2004년부터 금리는 서서히 다시 인상되었지만, 상당 기간 시중에 많은 자금이 풀려나갔다.

처음으로 자기 집을 갖게 된 폴라는 꿈에 부풀었다. 집값이 오르자 부자가 된 기분이 들었다. 대출 기관도 꿈에 부풀었다. 이들은 경기를 낙관해 신용이 부족한 이들에게까지 돈을 빌려주었다. 그리고 돈을 더 벌어들일 방법을 찾아냈다. 은행이 내준 여러 주에 걸친 주택 담보대출을 묶어서 주택 담보 증권mortgagebacked security이라는 금융상품을 창조한 것이다. 이를 투자자들에게 판매한다. 마치 미국 국채를 매입하듯이, 은행이 내준 부채를 소유할 수 있게 된 것이다. 여러 주의 대출을 묶은 데는 이유가 있었다. 다양한 고객을 모음으로써 리스크를 분산한다는 목적이다. 비록 비우량 고객이지만 여러 주에 걸친 수많은 대출자들이 동시에 실직하고 수입을 잃을 위험은 없다고 판단한 것이다.

이런 기법은 금융계의 연금술이나 다름없었다. 부실한 모래와 벽돌을 얼기설기 엮어 황금으로 만드는 재주인 셈이다. 멈출 이유가 없다. 여기에 자동차 대출, 신용카드 빚까지 묶었다. 부채 담보부 증권CDO이라는 상품이다. 파는 쪽에서는 채무자가 대출금을 갚지 못하더라도 CDO 구매자에게 돈을 지불하기로 약정한다. CDO를 잘게 토막 내고 조금씩 변형시켜서 'CDO 담보 CDO'까지 만들어냈다.

CDO는 투자자들에게 후한 수익을 제공했고, 신용 평가기관이 보증해준 덕에 안전한 것으로 인식되었다. 심지어 CDO를 뒷받침해주는 보험, 즉 CDS(신용 부도 스와프)까지 개발되어 여기에도 가입할 수 있게 되었다. 런던의 에밀리 같은 영업자는 전 세계 부유한 국가 투자자나 연기금에 부지런히 이 상품을 권했다. 헤지펀드로 더 많은 돈이 굴러 들어갔다. 대출 기관은 이런 상품을 판매함으로써 대차대조표 상에서 융자 내역을 삭제하고 그 신용위험을 다른 데로 이전할 수 있다. 그러면 융자 여력이 생겨

다른 주택 대출금을 더 많이 제공할 수 있다. 그걸 위해서 이들은 은행에서 더 많은 자금을 빌려왔다. CDO의 인기가 높아지자, 대출 기관은 훨씬 더 위험성이 높은 무주택자에게까지 눈을 돌렸다.

이렇듯 불투명한 시스템에서 엄청나게 복잡한 금융상품을 판매하면, 그 위험성을 제대로 판단하기는 거의 불가능해진다. '펀더멘털'에 기초한 상품이 아니기 때문에, 시장이 제대로 작동할 리 없다. 지속가능한 상품이 아니라는 말이다.

당연한 귀결이지만, 파티는 얼마지 않아 끝났다. 2004년에서 2006년 사이, 연준은 시장의 열기를 식히기 위해 1퍼센트이던 금리를 5.25퍼센트로 올렸다. 시중에 자금이 너무 풀려서 인플레이션과 경기 과열이 우려되던 상태였기 때문이다. 폴라는 자신이 대출금을 갚을 수 없다는 사실을 깨달았다. 부동산 수요가 급감했다. 금리가 올라가면 주택 담보대출이 어려워지고 수요가 줄어들면 부동산 가격은 하락한다. 대출금을 갚을 수 없어 집을 내놓아도 도통 팔리지 않아 발만 동동 굴렀다.

특히 서브프라임sub-prime 즉 부실한 비우량 대출이 큰 골칫거리로 전락했다. 2007년까지 신용도가 낮은 이들에게 무려 1조 3천억 달러(1,500조 원)나 빌려줬다. 회수 불가능한 불량상품임이 만천하에 드러나면서, CDO 가치는 자고 일어나면 우수수 떨어졌다. 투자자들은 자기가 산 상품이 뭔지도 잘 몰랐다. 폴라처럼 갚을 수 없는 대출금과 씨름하는 이들의 채권을 산다는 게 무슨 의미인지 말이다. 계약 내용을 자세히 들여다보지 않았고, 설사 봤다고 하더라도 너무 복잡하게 얽혀 있어서 이해하기가 어려웠다.

바다 건너의 위기 상황에 대해 처음 경보음을 울린 건 영국의 한 은행이었다. 2007년 2월, HSBC는 자사의 미국 모기지 상품에서 막대한 손실이 발생했다고 발표했다. 6개월 뒤, 프랑스의 BNP 파리바가 투자펀드 3개를 동결시켜서 투자자들에게 충격을 줬다. 이들은 이 펀드에 포함된 주택 담보 증권을 원하는 사람이 아무도 없기 때문에 상품가치가 없다고 판단했다고 발표했다.

은행도 자기가 파는 펀드가 허접쓰레기라는 걸 몰랐는데, 자기가 돈을 빌려준 경쟁사들의 판단력을 믿을 수 있었겠는가. 우리는 잘 모르지만 은행들은 서로 물리고 물리면서 보유한 자금을 최대한 활용한다. 돈과 신용이 순환하면서 유지되는 시스템이었기 때문에, 신뢰가 사라진 순간 시스템은 작동을 멈췄다.

공포와 의심이 커지면서, 은행은 서로에 대한 대출을 중단했다. 어느 곳에서도 돈을 빌릴 수 없으니, 보유 자산만으로 버텨야 했다. 신용 경색이 이어졌다. 은행은 사업을 계속 운영할 현금을 끌어모으려 고군분투했다. 버블 기간 동안 플로리다에서 대출을 가장 많이 해준 은행 여럿이 줄줄이 도산했다.

고통은 미국에만 국한되지 않았다. 금융은 국경을 넘어 이동한다. 세계 곳곳에서 연쇄반응이 일어나 금융 사상자가 속출했다. 스코틀랜드 왕립은행은 달리 세계 최대라는 수식어가 붙어 있는 게 아니다. 3조 달러(3,500조 원)가 넘는 이 은행의 거래량은 영국 전체 GDP보다 규모가 크다. 스코틀랜드 왕립은행 총재가 '현금이 바닥나기까지 몇 시간밖에 안 남았다'고 고백하자, 영국 재무장관은 기절초풍했다. 은행은 주로 대출로 돈을 벌지만, 고객이 요구하면 바로 지급할 수 있도록 준비금을 마련해둬야 한다. 정부의 긴급 구제대책이 서둘러 마련되었다.

전 세계 은행과 금융기관들 모두 구제를 필요로 했다. 은행을 살리고 죽이는 차원의 문제가 아니다. 은행과 얽힌 수많은 이들의 생계가 달렸다. 일반인들도 돈과 집을 잃을 처지였지만, 금융기관은 그냥 망하게 놔두기에는 파장이 너무 컸다.

급기야 2008년 9월 15일, 월가에서 가장 큰 투자회사 리먼 브라더스Lehman Brothers가 파산했다. 설립한 지 150년 된 이 기관은 한때 500억 달러(60조 원)로 가치가 평가되었던 주택 담보 증권을 보유하고 있었다. 증권 가치가 사라지면서 리먼의 주식도 사라졌다.

과대평가되어 있지만 실상 그 본질을 거의 알 수 없는 파생상품, 그리고 미국인들의 대출과 소비 습관이 복잡한 거미줄처럼 뒤얽혀 층층이 쌓이면서 위기가 촉발되었고, 점점 눈덩이처럼 불어났다. 애초에 리스크를 방어하도록 설계된 상품이다. 하지만 어느새 더 많은 리스크를 이용해 수익을 극대화하는 투기의 수단이 되어버렸다. 리먼 브라더스는 파산했다. 살리기엔 비용이 너무 많이 들기 때문이다.

2007년부터 2008년까지 정부는 열심히 사태 수습에 나섰다. 그러나 올랜도 시민들도 런던도, 파국을 피해갈 순 없었다. 불안이 고조되면 경기가 급랭한다. 사람들은 소비를 멈춘다. 은행 자금이 고갈되자 대출이 중단됐다. 다른 은행에게도 고객에게도 자산을 내주지 않고 잠가두었다. 월가에 침투한 극심한 공포는 미국 중산층의 자신감 하락과 소비 침체로 이어졌다. 이 사건은 시스템에 돈이 돌지 않으면 모든 게 멈춘다는 걸 보여준다. 돈을 쓰거나 거래를 하거나 서로 빌려주지 않으면, 모든 활동이 사라지고 경제가 붕괴될 위험마저 생긴다.

시중에 달러 유통이 줄자 수입이 줄고 일자리도 사라졌다. 특히 이전에는 얼마든지 돈을 빌릴 수 있었던 서구 국가에서 이런 양상이 두드러졌다. 회복은 더디고 고통스러웠다. 폴라는 서브프라임 사태 이후 5년이 지난 2012년까지도 곤궁한 생활을 벗어나지 못했다. 그래도 폴라는 운이 좋은 편에 속한다. 필사적으로 돈을 긁어모아 대출금을 계속 갚아나갔기에 집은 빼앗기지 않았다. 하지만 폴라는 이 모든 상황이 화가 난다. 하지만 대체 누구를 탓해야 할까?

시장의 탐욕에 비난의 화살을 돌려야 할까. 은행은 규정을 준수하지 않았다. 신용 평가회사들 역시 은행과 한편이 되어 문제를 못 본 체했다. 갑자기 '규제'라는 단어가 미국과 유럽 전역에서 유행어가 되었다. 더 강력한 규칙이 속속 도입됐다. 지급보증을 위해 은행 자율로 사용할 수 있는 자금에 제한이 주어졌다. 소비자의 신용은 더 철저하게 조사한다. 은행으로서는 보신 정책이지만, 개인으로서는 대출이 제한되는 불이익이 돌아온다.

2010년 말까지 8백만 명의 미국인들이 일자리를 잃었다. 심지어 GM과 항공사를 포함한 거대 기업들도 현금이 바닥났다. 진부한 말이지만 미국이 재채기를 하면 영국도 감기에 걸린다고 할 정도로 두 나라 경제는 밀접하게 연관돼 있다. 미국 경제가 2분기 이상 위축되자 영국도 불황에 접어들었다. 실업률이 20년 만에 가장 빠른 속도로 증가했다. 고통은 유럽과 아시아로도 번졌다. 심지어 중국마저도 흔들렸다.

2010년이 되자 대부분 국가의 경제적 운명이 어느 정도 위기의 반환점을 돌기 시작했다. 영국과 미국의 재정은 다시 안정되었다. 하지만 아직은 숙취가 남아 있는 상태다. 기관과 개인에게 공적 구제자금을 투입해야 했기 때문에, 정부 재정은 더욱 약화됐다. 금융 위기 여파로 영국 정부의 부채 규모는 두 배로 늘었다. 긴축이 유행어가 됐다.

그러나 정작 사태에 책임이 있는 금융기관과 그로 인해 피해를 입은 개인들의 운명은 극과 극으로 엇갈렸다. 대출자들이 무책임했을지 몰라도, 더 근본적인 문제는 그들을 먹잇감으로 삼았던 대출 기관과 그걸 허용한 규제 기관에 있다. 하지만 책임이 있는 은행은 비난을 받았을지언정, 보너스까지 받아가며 살아남았다. 반면 일반 국민들은 침체된 경기와 정부의 긴축재정까지 겹치면서 이중고를 겪어야 했다. 그들에게는 비난을 쏟아낼 대상이 필요했다.

못 살겠다 짜증난다! 홧김에 이혼이라도 하자!

금융 위기가 발생한 지 거의 10년이 흐른 2016년 6월 23일. 영국인 17,410,742명이 EU 탈퇴를 찬성하는 쪽에 투표했다. 잔류를 원한 1,600만 명보다 많은 숫자였다. 영국은 폭탄을 맞았다. 아무도 예상 못한 결과다. 게다가 누구도 원치 않는 결말이다. 파운드 환율이 폭락하기 시작했다. 투자자들이 너도 나도 '달러'라는 안전한 피난처를 찾아 달아나는 바람에 파운드 가치가 31년 만에 최저로 곤두박질쳤다.

영국 경제의 미래를 우려하는 목소리가 높다. 영국이 장차 더 나아질지 나빠질지는 누구도 확언할 수 없다. 다만 시장과 기관들이 아는 건, 앞으로 수백 개의 분야에서 광범위한 혼란이 발생할 것이므로 힘겨운 논의와 합의를 통해 타결을 봐야 한다는 것이다. 투표가 안겨준 결과 중 확실한 게 하나 있다면, 바로 불확실성이다. 불확실성은 시장을 불안하게 만든다.

제아무리 노련하게 위험을 감수해온 전문가들이라 해도, 불확실성은 늘 다루기 어려운 주제다. 예상치 못한 상황에 직면하면 시장은 얼어붙거나 더 심한 공황 상태에 빠진다. 러시아에서 그랬듯이 사람들이 의심을 시작하는 것만으로도 엄청난 감정과 투기의 물결이 영국과 영국 통화에 타격을 입힐 수 있다.

EU 입장에서 보면, 유로존 위기 이후 자신감 회복을 위해서라도 그런 일은 절대 없어야 한다. EU는 지난 수십 년 동안 같은 꿈을 꾸기 위해 합류하는 흐름에만 익숙해져 있다. 그리스 때문에 잠시 이탈 우려가 있기는 했지만, 이에 비하면 사소한 일이었다. 영국이 이혼 서류를 제출하다니!

평정심을 가지고 헤쳐 나가기는 힘든 충격이다. 깊은 상처를 입은 EU는 혹여 누가 영국의 본보기를 따를까봐, 더 강경하게 대응하기로 결정했다. 이혼 서류가 제출되고 리스본 조약 50조가 발동되면, 영국은 수백 개의 영역에서 협상을 완료하기까지 2년의 유예기간을 얻는다. 물론 수년, 수십 년이 지나도 완벽한 합의에 이르지 못할 수도 있다. 영국에 사는 EU 시민의 권리, 이혼 위자료 규모, 제조 물품 거래에 관한 규칙 등 모든 것이 포함된 협상이다. 금융 서비스, 항공, 농업 등 모든 산업을 망라한다. 이제껏 영국은 패스포팅 규정에 따라 세계 금융의 수도이자 유럽 시장의 관문이자 관리자로 역할해왔다. 브렉시트Brexit는 그러한 지위를 위협할 것이다. 물론 그 자리를 대체하려고 프랑크푸르트와 파리가 눈치경쟁 중이다. 에밀리가 근무하는 은행 역시 EU와의 접촉을 위해 더블린이나 암스테르담으로 옮겨갈지 모른다.

만약 영국과 EU가 합의하지 못한 상태로 브렉시트를 하게 되면(노딜 브렉시트no deal Brexit), 영국은 그 즉시 EU 밖 국가와 동일하게 WTO 규정에 따라 유럽과 교역해야 한다. 관세, 세관 검사, 쿼터제로의 회귀를 의미하며, 더 높은 수입가와 수출가, 수입과 통관을 위한 오랜 기다림 등이 뒤따를 것이다. 물론 EU와 이혼한 영국은 자유롭게 다른 무역 상대를 찾을 수도 있다. 그쪽 역시 그리 호락호락한 상대들은 아니겠지만 말이다.

사이먼 그로버Simon Grover가 일하는 회사는 생화학 기업으로 농작물의 수확량을 획기적으로 늘리는 제품을 개발 중이다. 늘어나는 인구를 먹여 살려야 하는 동시에 수익도 늘려야 하는 미국이나 인도 같은 농업 수출국에게 긴요한 제품이다. 회사는 런던 동쪽 케임브리지셔에 있다.

브렉시트 때문에 유럽 시장이 위축될 것을 염려한 나머지, 이들은 최근 들어 미국 시장을 더욱 활발히 공략하기 위해 노력 중이다. 마케팅 책임자인 사이먼은 텍사스의 잠재고객에게 자사 홍보를 하기 위해 출장 일정을 잡았다. 그를 위해 달러를 좀 사야 되겠다.

파운드 환율이 계속 떨어져서, 미국 출장비가 점점 더 많이 든다. 예전이라면 5성급 호텔에 묵을 수 있던 액수로 이젠 허름한 교외 모텔에 겨우 묵을 수 있을 정도다. 내일이면 달러는 더 올라갈 것이다. 사이먼이 미국에서 비행기 트랩을 내려가면, 달러는 좀 더 비싸져서 그를 기다릴 것이다.

우리는 1달러를 따라 거의 전 세계를 두루 여행했다. 이제 우리의 1달러는 긴박하게 미국 시장을 개척해야 하는 영국 마케터의 호주머니로 들어간다. 그리고 여행을 출발했던 곳으로 다시 돌아간다. 세계를 다 돌고 난 우리의 1달러는 미국 경제의 앞날을 읽어낼 만큼 더 지혜로워졌을지 모를 일이다.

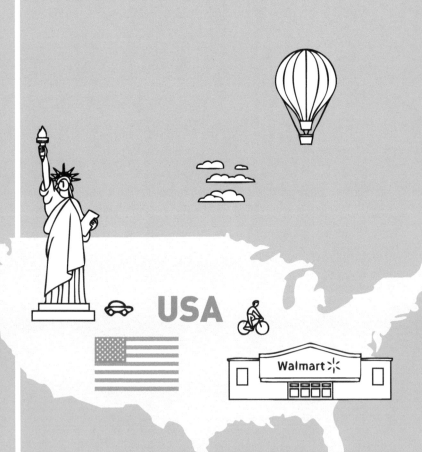

다시 미국으로 돌아온 1달러
첨단의 미국 경제가 말해주는 우리 삶의 미래

THE
ALMIGHTY
DOLLAR

Feeding the spending addiction
UK to the USA

사이먼은 요즘 걱정이 이만저만이 아니다. 영국이 EU를 탈퇴한다! 앞으론 유럽에 통관 절차를 다 거치고 관세도 지불해가며 수출할 일을 생각하기만 하면, 골이 다 지끈거린다. 이번 출장에 회사 사활이 걸렸다. 미국 진출을 더 서둘러야 한다.

미리 스마트폰으로 환전 신청을 했기에, 휴스턴 공항 카운터에 달러를 받으러 간다. 출장비가 빠듯해 숙소는 작은 비즈니스호텔로 정했다. 미국은 거의 1년 만에 오는데, 올 때마다 정말 많이 달라졌다고 느낀다. 출장에 필요한 어플리케이션들을 다운로드 받으면서 격세지감을 느낀다. 기술이 날이 갈수록 발달하고, 미국은 그 선두에 있다.

당신의 삶, 과연 점점 더 나아지는 중입니까?

우리의 1달러는 드디어 출발했던 곳으로 다시 돌아왔다. 전 세계를 다니는 동안, 달러는 수익을 배분하고 여러 국가의 무역과 번영이라는 바퀴에 기름칠을 하면서 자신의 힘을 더욱 키웠다. 매년 수조 달러에 달하는 돈이 미국을 떠나고, 수조 달러에 달하는 돈이 미국으로 돌아온다. 대규모로 움직이는 역동적이고 번영하는 경제, 수많은 다양한 거래를 통해서 쉴 새 없이 투자되고 회수되는 개방 경제에선 필수적인 일이다. 사이먼 같은 사람들 역시 그런 흐름에 일조한다.

미국에서는 팁을 주는 게 일상이니까, 사이먼이 바꾼 달러는 금세 줄어들 것이다. 택시 운전사에서 웨이트리스에 이르기까지, 모든 계산서에 15~20퍼센트의 추가 요금이 붙는다. 제일 인기 있다는 식당을 예약해준 호텔 컨시어지concierge 로렌 밀러에게도 몇 달러 쥐어줄 것이다. 아니, 아닐 수도 있다. 택시 대신 우버를 타고, 식당에 가서 서빙을 받는 대신 배달을 시킬 수도 있다. 유명하다는 식당에는 스마트폰으로 예약을 할 수도 있다. 편리하기도 하고 팁을 줄 필요도 없다. 대신 인간미는 좀 없다.

로렌처럼 서비스 직종 종사자들에게 팁은 중요한 수입원이다. 최근 들어서는 물가 오르는 속도에 비해 급여가 올라주질 않아서 더욱 그렇다. 그런 고민은 사치일지 모른다. 일자리가 있는 것만도 감지덕지할 일이니 말이다.

우리의 생활수준standard of living은 나아지고 있을까? 당신의 살림살이 말이다. 흔히 생활수준이라고 하는 '내가 버는 돈의 가치' 혹은 '나의 재정 상태'에 대한 감각은 임금과 생활비의 상관관계에 따라 결정된다. 생활비 상승 대비 임금 상승이 생활수준을 결정한다.

흔히 미국을 일컬어 세계에서 가장 부유한 나라라고 한다. 하지만 로렌은 자신이 그런 국가에 걸맞은 생활수준을 갖췄다고 느끼지 못한다. 아메리칸 드림이라고 불렸던, 누구에게나 열려 있던 신분 상승의 사다리 같은 게 자기 앞에 놓여 있다고 느끼지 못한다. 부모 세대들과 달리, 그런 기회는 이제 아주 멀게만 느껴진다.

생산성을 높이는 해리포터의 마법 주문

우리는 누구나 생활이 점점 더 나아지기를 바란다. 수 세기 동안 인류가 염원하고 바랐던 것, 피를 흘려 가며 쟁취하고 정책과 변혁을 통해 약속 받고 싶었던 것이 바로 그것 아니겠는가? 그런데 앞으로 사회는 지속적으로 성장하고, 그에 따라 우리 생활도 점점 더 나아질까?

생활수준에는 여러 필수 요소들이 있다. 삶이 더 나아졌다고 하려면 꼭 갖춰야 할 최소한의 것들이다.

첫째, 살아가는 데 꼭 필요한 것을 영위하느냐다.

음식, 물, 주거, 위생, 약품 등이 포함된다. 안락한 삶을 위해 필요한 운송수단, 난방 같은 요소도 있다. 특히 '기대수명'이라든가 '냉장고 용량' 등은 한 국가의 생활수준을 측정하는 지표로 종종 사용된다.

둘째, 21세기 서구 기준에서는 구매 혹은 소비 정도로 생활수준을 측정한다. 1인당 GDP가 대표적인 지표다.

대개 우리가 구매할 수 있는 제일 값비싼 물건은 '집'이다. 그런데 집값은 비싸진데 반해 고용이 안정적이지 못하고 정부 지원이나 복지 지출이 줄어들면서, 점점 더 집을 사기 어려워지는 추세다. 오늘날 영국에 거주하는 35세 성인은 1900년생에 비해 집을 소유할 가능성이 현저히 낮다.

셋째, 생활의 질도 중요한 요소다. 여가 시간이 충분한가? 건강한가? 얼마나 위험이 덜한 환경에서 살아가는가? 교육 수준은 어떤가? 문해력은 있는가? 이러한 질문들이 바로 생활수준을 나타내는 필수 요건을 감별한다. 건강과 교육은 그 자체로 '상품'이 되기도 하지만, 더 많이 벌고 더 많이 쓸 수 있기 위해 필요한 능력에 포함되기도 한다.

이렇듯 '삶의 질'은 수많은 요인으로 결정된다. 물론 수치로 표시되는 기준이 제일 측정하기 쉽기 때문에, '1인당 소득'이 가장 흔히 지표로 쓰인다. 물론 행복은 소득 순이 아니고, 특히 일정 수준을 넘어서면 소득은 측정 기준으로 변별력이 떨어진다.

로렌이 체감하는 '삶의 질'은 월급 액수가 좌우할 공산이 크다. 임금이란 누군가가 로렌의 노동에 대해 지불할 용의가 있는 가격을 말한다. 모든 가격이 그렇듯이 임금 역시 공급과 수요에 따라 결정된다. 공급은 로렌이 종사하는 직업과 일하는 지역에 따라 달라진다. 즉 그 지역에 일자리를 원하는 사람들이 얼마나 있으며 해당 업종에서 일하기에 적합한 기술을 보유한 이들은 얼마나 되는지 등이다. 분명, 경영대학원 학위가 있고 다년간 경력이 있는 다국적 기업 CEO보다는 숙련된 컨시어지를 구하는 쪽이 더 쉬울 것이다. 로렌은 실리콘밸리 기업 CEO가 자기보다 천 배는 더 가치가 있다는 말에 절대 동의하지 않겠지만, 시장에선 다르다. 의대나 로스쿨 경쟁률이 치열하다는 것은 그만큼 의사나 변호사 쪽 수요가 많고 보수도 더 후하다는 뜻이다.

게다가 아무도 원하는 사람이 없는 기술은 소용이 없다. 만약 달러 환율이 너무 많이 치솟아서 사람들이 텍사스로 관광을 오지도 않고 투숙객도 적어진다면, 호텔 경영진은 인력 운용에 압박감을 느낄 것이다. 컨시어지 같은 덜 필수적인 인력이 꼭 필요한지, 없어도 되는 건 아닌지 고민할 것이다.

반대로 수요가 늘면 인력은 더 많이 필요해진다. 호텔마다 예약이 꽉 차고 투숙객들이 다양한 서비스를 지속적으로 요구한다면, 객실 요금을 인상할 수도 있고 직원도 더 뽑을 수 있다. 호텔이 더 많아지고 저마다 성업하면 다른 곳에서 스카우트 제의가 올 수도 있고, 그 분야의 노하우가 풍부한 로렌의 몸값은 더 높아질 것이다.

사람들이 원하는 것은 사람답게 살 수 있고, 더 나아가 원하는 생활수준에 도달해 삶의 질이 높아지고 더 많은 것을 구매할 수 있게 해줄 '임금'이다. 최신 휴대폰이 나오면 살 수 있고, 근사한 곳으로 휴가여행도 갈 수 있는 정도. 그러려면 임금 상승률이 물가 상승률을 상회해야 한다. 임금이 오른다는 것은 어느 정도 물가 상승을 동반하며 적당한 인플레이션이 존재하는 걸 말한다. 그렇게 되면 생활비도 오르겠지만, 임금만 충분히 따라 준다면 크게 문제될 일은 없다.

중앙은행, 정치인, 전 세계를 쥐락펴락하는 투자자들 역시 적당한 인플레이션을 원한다. 인플레이션이란 경제계 전반에서 가격이 상승하는 비율을 가리킨다. 특정 제품의 가격만이 아니라 모든 것의 가격 말이다. 대개 인플레이션은 이발 비용, 버터 같은 생필품 가격, 주택 가격 등 사람들이 일반적으로 많이 지출하는 대표적인 품목을 추출해 측정한다.

다양한 기업이 다양한 이유로 가격을 책정한다. 하지만 큰 그림을 보면 대개 가격 인상은 몇 가지 요인으로 일어난다. 우선 가격을 올려도 될 만큼 수요가 충분히 많을 때, 사람들한테 충분히 돈이 있어서 기꺼이 쓰려고 할 때다. 즉 판매자가 가격을 올려도 불만이 생기지 않는다. 또 한 가지 요건은 생산 비용이 올라서 기업이 이를 가격에 반영할 수밖에 없을 때다. 또한 식료품, 석유, 주택 등 생활에 꼭 필요한 품목인데, 공급이 현저히 부족할 때에도 가격이 상승한다. 금융 위기 식후 러시아의 경제 상황이나 브렉시트가 결정된 후 영국에서 벌어진 상황처럼, 환율이 급격히 하락할 때에도 수입품 가격이 비싸지기 때문에 전반적인 가격 상승이 일어난다.

디플레이션 장기불황을 피해가는 비결

경제를 운용하는 정부 당국자나 중앙은행 등은 연간 물가 상승률이 2퍼센트 정도일 때 가장 행복하다. 특히 국가는 매년 인플레이션 목표를 설정하고 관리한다. 그렇게 하는 게 조금 이상하게 느껴질 수도 있다. 어떻게 물가가 영원히 조금씩 계속 오를 수 있을까? 그리고 그것이 왜 바람직할까? 물가가 오른다는 건 그만큼 임금도 꾸준히 상승해야 한다는 의미다. 그래야 삶의 질이 유지된다. 물가가 오르는 건 생활이 힘들어지는 게 아니다. 절대 나쁜 일도 아니다. 적당히만 오른다면 말이다.

작지만 꾸준하게 물가가 오르면, 경제가 원활하게 성장하는 데 도움이 된다. 우선 소비를 진작할 수 있다. 내년에 확실히 새 자전거 값이 오를 거라면, 그때까지 소비를 미룰 이유가 없다. 조금씩 제품 가격을 인상할 수 있고 소비도 적당히 활성화되면, 기업은 투자를 늘리고 사람을 뽑아 생산량을 늘린다.

반면 너무 빠른 속도로 물가가 오르면, 우리 호주머니나 은행 계좌에 있는 현금 가치가 빠른 속도로 잠식된다. 내일이 되면 돈이 오늘만큼의 가치를 갖지 못한다. 게다가 물가가 갑자기 치솟으면 공황과 혼란을 야기한다. 앞서 설명한 1차 세계대전 직후 독일이나 2014년 아르헨티나의 하이퍼인플레이션 시기를 떠올려보면 알 수 있다.

반대로 물가가 전혀 오르지 않거나 반대로 하락(디플레이션)하게 되면, 앞으로의 경기에 대한 비관으로 또 다른 위기가 발생할 수 있다. 사려고 마음먹었다가도 앞으로 더 가격이 떨어질 것이라 예상되면 구매를 미룰 것이다. 회사는 매출이 줄어 투자를 줄이고 인력도 감축한다. 전반적인 경제활동이 둔화되면, 물가가 더 내려간다. 이러한 악성 디플레이션deflationary spiral은 경기를 더욱 침체시킨다. 장기 디플레이션은 성장의 적이기 때문에, 매년 조금씩 인플레이션이 발생하는 편이 경기 둔화를 방지하는 데 도움이 된다.

물론 이렇게 적당한 수준의 인플레이션을 유지하기란 쉬운 일이 아니다. 정책 운용자들은 마치 곡예사가 여러 장의 접시를 한꺼번에 돌리면서 위태로운 균형을 유지하듯 섬세하고 다각적인 조율을 해나가야 한다. 멀티태스킹 능력이 절실하다.

여유로운 삶을 원하는 사람은 임금 상승률이 물가 상승률을 뛰어넘기를 원한다. 그런 일은 어떻게 가능할까? 기업이 물가 상승률을 상회하는 임금 인상을 감당하려면, 수익이 충분해야 한다. 만약 기업의 수익이 딱 물가 상승률에 맞춰 늘어난다면, 그보다 높은 임금 인상을 해주면 손해를 보거나 파산하게 될 것이다. 수익만 충분하다면 임금은 얼마든지 올려줄 수 있다. 이때 수익 profit이란 판매를 통해 벌어들인 돈과 제품을 생산할 때 드는 비용 사이의 차액을 말한다. 서비스업의 경우 제품을 생산한다고 표현하기는 애매하지만, 로렌이 고객에게 차별화된 서비스를 제공함으로써 돈을 더 많이 지불하게 만들었다면 그것이 곧 호텔의 수익으로 연결된다. 국가와 업종을 망라해서, 더 적은 비용으로 더 많은 것을 생산해 판매하는 것이 곧 수익 증대로 연결된다.

생산성productivity을 측정하는 가장 단순한 방법은 노동자 1명의 시간당 생산량을 산출하는 것이다. 같은 시간에 더 많은 제품을 만들면, 제품의 생산 단가는 떨어지고 생산 능력은 높아진다. 그렇게 하면 기업은 더 빨리 성장하고 더 많은 수익을 낸다. 생산성이 높은 노동자에게 기업은 더 많은 임금을 지불할 여력이 생긴다. 제품이 다 팔리기만 한다면 말이다.

이런 이유로 전 세계 정부는 경제 성장을 위해 '생산성 향상'이라는 레퍼토리의 주제곡을 부를 수밖에 없다. 인플레이션 수준을 유지하면서 경제를 성장시킬 수 있는 수단이기 때문이다. 생산성이 높아진다는 것은 더 많은 상품이 생산된다는 뜻이다. 상품 부족 현상이 생기지 않으므로, 가격이 갑자기 치솟을 염려가 없다. 반면 임금은 올라간다. 쓸 수 있는 돈이 많아졌지만, 물건 값은 많이 오르지 않았다. 게다가 살 수 있는 물건이 많아지고 가격도 여전히 저렴하다. 노동자는 이전보다 더 부유해진 기분으로 흔쾌히 돈을 쓸 수 있다. 기업은 실적이 좋아져서 물가 상승률만큼, 혹은 그보다 더 빠른 속도로 임금을 인상해줄 여유가 생긴다.

이 대목에서 의문이 든다. 생산성이 높아지면 동일한 수량을 생산하기 위해 필요한 노동자가 줄어드니까 일자리는 오히려 줄어드는 것 아닐까?

경제가 빠르게 성장하면 수요가 더 많아져서 일자리가 더 많이 필요해진다고 주장하는 이들도 있다. 전반적인 생활수준이 높아지고, 그 결과 모두가 행복해진다. 영국 중앙은행장 앤디 홀데인Andy Haldane이 바로 이런 주장을 폈다. 1인당 소득으로 측정했을 때, 영국의 생활수준은 1850년 이래 무려 20배나 증가했다. 같은 기간에 만약 생산성이 전혀 오르지 않았다면 생활수준 증가는 2배에 그쳤을 것이다. 영국인들이 여전히 빅토리아 시대의 암울한 상황에 놓여 있다는 말이다. 하지만 기계화와 기술 발전으로 노동 생산성이 높아져, 모두의 번영이 가능했다. 생산성은 '마술 지팡이'와 같다. 노동자가 더 빨리 일할 수 있도록 도와주는 도구, 제대로 일하는 노하우 등이 생산성의 조력자들이다.

해리포터 팬이라면 잘 알겠지만, 마법 주문은 그리 호락호락하지 않다. 생산성에도 마법의 주문 같은 게 있다면, 아마도 원하는 모습으로 바꿔주는 변신 주문 쪽일 것이다. 생산성 주문을 거는 데 필요한 요소들은 다음과 같다.

1. 기술 변화 – 증기 엔진에서 컴퓨터에 이르기까지, 업무를 단순화해주는 적절한 장비

2. 인력 – 일의 방법이나 기계 작동법 등 적정 기술을 갖춘 충분한 수의 노동자

3. 자금 – 새로운 도구나 장비에 대한 투자

4. 경영자의 장기적 안목 – 예측하기 힘들고 결과를 장담하기 어려운 상황에서 과감한 선택과 집중

5. 정부의 지원과 환경 조성 – 투자하기 좋은 환경에서부터 도로, 학교, 병원 등 다양한 인프라

6. 물리·지리적 요소 – 천연자원이나 교역에 적당한 위치

7. 수요 – 예측 가능한 수준으로 지속적으로 증가하는 제품 잠재 구매층

자, 재료들이 다 모였으면 잘 섞은 다음, 주문을 외우고 최선의 결과가 나오길 고대해보자.

독일에서 중국에 이르기까지, 지난 100년간 전 세계 곳곳에서 일어난 경제 기적은 모두 이 생산성이 부린 마법이다.

중국은 산업화를 선택하면서 들녘에서 일하던 노동자들을 기꺼이 도시로 끌어들여 세계가 원하는 제품을 효율적으로 생산해냈다. 그 과정에서 생산성은 급격히 발전했다. 매년 8퍼센트 넘는 성장을 이뤄냈다. 최근 들어 성장률이 주춤하는 추세지만, 과연 어떤 방해 요소가 세상 제일의 부자가 되고 싶은 이들의 야망

을 꺾을 수 있을지 모르겠다.

아주 강력한 생산성이라는 무기를 가졌기에, 수많은 난민과 이주민들을 흡수하면서도 독일은 지속적으로 성장하고 실업률도 오르지 않는 저력을 보여 왔다.

생산성 요소들이 모두 있다 해도, 이걸 모아서 제대로 된 결과물을 만들어내는 것은 매우 어렵다. 인내심도 필요하다. 생산성의 기적을 일으킨 어떤 나라도 하룻밤 새 그 일을 해낸 게 아니다. 해리포터 작가 J. K. 롤링의 경고처럼, 변신 주문은 '매우 힘든 일이기에 극도의 정확성을 필요로 한다.' 세심한 계획, 인내심, 수요와 공급의 정확한 조합이 필요하다. 자칫하면 엉뚱한 결과가 나온다.

기술이 가져올 변화, 일자리의 미래

2008년 금융 위기 이후 서구 사회, 특히 미국과 영국 등지에선 이상한 현상이 벌어지고 있다. 생산성이 더 이상 올라가지 않는다. 심지어 노동자 생산성은 뒷걸음질 치는 추세다. 위기가 지난 후 일자리도 빠르게 늘었고 전반적으로 생산량도 늘었다. 하지만 생산성이나 임금은 오르질 않는다. 아주 암울한 수준이다. 다들 일터에서 잠이라도 잔단 뜻일까?

생산성이 떨어진 원인을 정확히 파악한 경제학자는 아직 없지만, 경영 방식의 변화에서 그 답을 찾을 수 있을지 모르겠다. 위기가 닥치자 많은 회사가 대량 해고보다는 인력 운용방식을 바꿔 비용을 절감하는 쪽을 택했다. 특히 인건비가 저렴하고 시간제 활용이 용이한 분야에서 더욱 그랬다. 20세기 후반에 소매나 서비스업 등에서 유행한 단어가 저임금 비숙련 일자리를 뜻하는 '맥잡McJob'이다. 맥도널드 햄버거 체인의 시간제 직원처럼, 단순하며 대체가능하고 유동적인 일자리를 가리킨다. 위기 이후에는 소위 호출형 근로 계약zero-hours contract이 일반화되면서 급여는 낮고 보장은 적은 일자리가 대거 늘어났다. 아마존Amazon, 우버Uber, 딜리버루Deliveroo 등으로 대표되는 '긱gig 이코노미'도 동시에 확산됐다. 바야흐로 비정규 프리랜서 고용의 시대라고 해도 과언이 아닐 정도다.

좋은 시절이 돌아왔지만, 많은 기업들은 여전히 상대적으로 저렴한 노동력에 의존하는 쪽을 택한다. 언제 닥칠지 모를 위기를 경계하고 투자를 꺼린다. 그러니 직원들의 생산성을 높이는 데 도움이 되는 장비나 설비에 대한 투자 역시 여간해서 하지 않는다. 노동자들은 임금이 적고 근무 시간이 일정하지 않아도 일자리가 있다는 데 안도한다. 심지어 일하는 데 많은 시간과 에너지를 쏟지 않고 필요한 만큼만 벌어 쓰겠다는 시간제 선호도 생겨났다. 악덕 기업은 인원을 감축하고도 이전과 동일한 업무를 해내도록 강요한다. 그런 곳은 많지 않겠지만.

최근 몇 년 동안 급변하는 상황을 관찰하면서, '21세기 자본주의'의 탐욕이 생산성 하락의 주범이 아닌가 하는 해석도 조심스레 나온다. 기업은 주주들의 요구에 휘둘린다. 이들은 오로지 수익 극대화에만 관심이 있다. 경비를 최대한 줄이고 단기간에 수익을 회수하라고 강요한다. 장기적인 안목의 투자와 모험은 우선순위에서 밀려난다. 기업 인수합병 시장의 큰손인 사모펀드 역시 경영의 목표를 신속한 수익 창출에 두고 단기적 안목에 치중하는 경향을 보인다.

이 모든 결과가 바로, 일자리는 늘었지만 질은 떨어진 오늘날의 상황이다. 통상 고용이 늘어난다는 것은 임금도 올라가는 것을 의미하지만, 최근엔 그렇지 않다. 생산성과 관련한 이러한 기현상은 경제학자나 정부 정책 운용자 모두를 혼란스럽게 한다.

미국 중앙은행인 연준 역시 매년 물가가 약 2퍼센트씩 오르는 인플레이션 목표를 선호한다. 건전하면서도 지속가능한 속도로 성장하는 경제를 의미하기 때문이다. 이렇게 되려면 생산성 역시 매년 약 1.5~2퍼센트씩 성장해야 한다. 더불어, 임금은 연간 약 3.5~4퍼센트 정도 올라야 한다. 그런데 최근 몇 년간 뒤의 두 가지 상승이 이뤄지지 않았다. 미국인의 평균 임금은 2007년 이후 매년 2~3퍼센트 정도씩 증가했는데, 이는 물가 상승률보다 겨우 1퍼센트 상회한 것이다. 수입과 지출의 균형을 겨우 맞출 순 있지만, 생활의 여유는 없는 정체된 상태다. 금융 위기 이후 6년 동안 실질임금이 무려 10퍼센트나 떨어진 영국의 경우는 상황이 더 심각하다. 가장 심각한 위기라는 그리스 정도가 이와 비숫한 하락폭을 기록했다.

편리하긴 해도 부유해지지는 않는 삶

생산성 공식을 푸는 게 더욱 복잡한 이유는 측정하기가 까다롭기 때문이다. 생산성은 항상 투입 인력 대비 생산량과 연동된다. 그렇다면 오늘날처럼 복잡해진 산업 사회에서는 생산량을 어떻게 측정할까? 생산되는 자동차 대수로 정확히 수량이 산출되는 제조업의 경우는 비교적 측정이 쉽다. 밭에서 수확하는 농작물의 양, 고층빌딩 건설 현장에서 건물이 올라가는 속도 같은 것도 측정이 간단하다. 1시간 동안 월마트 계산대를 통과하는 고객 수, 하루 동안 미용사가 머리를 해준 횟수 같은 것도 그렇다.

하지만 컨시어지인 로렌의 생산성은 어떻게 측정할까? 하루 동안 받은 팁의 총액? 고객만족도 조사에서 받은 점수? 이런 측정 방법은 역사적으로 오랫동안 생산성 측정 오차를 만들어왔다. 양과 관련된 정량적인 평가는 가능하지만, 질과 관련된 정성적인 평가는 불가능하다는 점에서 말이다.

회계 전문가들은 항상 입체적인 생산성 측정을 위해 고심한다. 하지만 현장은 계속 변화한다. 일례로 금융권에서는 금융 위기 여파로 더욱 엄격한 규정과 철저한 검토 관행이 생겨났다. 이것을 담당할 인력도 대거 충원했다. 이들은 생산성 면에서 보면 동일한 생산물을 검수하는 반복적 업무를 수행한다. 같은 일을 반복하므로 생산성은 떨어진다. 하지만 이는 본질적으로 더 뛰어나고 안전하고 효율적이며 목적에 부합한 생산을 가능케 한다. 기술의 발전도 고려할 요소다. 수치는 그런 빠른 변화를 포착하기 힘들다. 금융이나 건설 분야처럼 확실히 효율이 좋아진 영역에서는 큰 투자가 없이도 성과 향상이 이루어진다. 겉으로 드러나는 것보다 훨씬 생산성이 높은데도 그에 걸맞은 보상이 뒤따르지 않는 영역이 많다.

핵심은 이것이다. 성장 혹은 높은 생활수준을 위해 꼭 필요한 생산성이라는 녀석을 어떻게 높일 수 있고 어떤 모습이 되어야 하는지 누구도 명확한 상을 그리지 못한다. 그러다보니 생산성이 높아져도 그에 따른 대가가 주어지지 않는 경우가 많다.

미국에선 2차 세계대전 종전 후부터 1970년대 초까지, 1달러의 생산성 향상은 곧 임금 1달러 인상과 동일한 것으로 해석했다. 그렇게 적용했더니 실질임금은 하락했다. 그 이유에 대해 쓰자면 책 한 권으로도 모자란다. 결국 생산성과 생활수준을 맞추는 것은 노동자와 사용자와의 권력관계에 달려 있다. 기업의 수익이 올라가도 노동자의 임금은 오르지 않는 경우가 많다. 실제 한 국가의 GDP 중 노동자에게 돌아가는 비율은 40년 전보다 지금이 오히려 더 낮다. 2016년 미국 최대 기업 CEO들은 직원들보다 평균 300배의 보수를 받는다. 1965년에는 그 차이가 20배에 불과했다. 금융 위기 당시 '월가를 점령하라' 같은 사회 운동 후 평등의 기류를 기대했건만, 상황은 전혀 달라지지 않았다. 회사의 지분을 가진 주주 혹은 임원의 수입과 일반 직원들 수입의 격차는 계속 벌어지는 추세다.

경기가 좋으면 기업은 물가 인상률보다는 더 높은 수준으로 임금을 인상해줄 수 있다. 하지만 어디까지나 노동시장에서의 수요와 공급, 인력에 대한 절박함의 정도에 좌우된다. 최근 들어 노동자들의 실력행사는 점점 더 힘들어진다. 고용 형태가 변화하고 노조의 힘도 약해지면서 피고용인들의 목소리가 더욱 약해진다.

하나의 운명공동체처럼 여겼던 사업주와 피고용인의 관계 역시 느슨해진다. 수익만을 목표로 하는 투자자나 외국인 주주들은 현지인들의 생활수준 향상 따위에는 관심이 없다. 경쟁이 심해지면서 점점 더 싼 인건비를 찾아 얼마든지 눈길을 돌린다. 심지어 세율에 따라 기업이 국적을 바꾸기도 한다. 아일랜드 더블린이 바로 그런 이유 때문에 거대 IT 기업들 사이에서 인기를 끈다. 국경의 경계를 넘나드는 기술과 금융 때문에, 언제든 기회가 달아날 수 있다.

오늘날 평균적인 미국인의 생활수준에는 그다지 발전이 없다. 기술 혁신은 생활의 편리함은 가져다주었을지언정, 그로 인한 금전적 수혜를 나눠주진 않았다. 편리해지긴 했어도 부유해지지는 못했다는 말이다. 오히려 승자독식의 대표적인 영역이 바로 기술 분야다. 물가는 오르는데 주머니 사정은 나아지지 않아서 보통사람들의 불만이 커져간다. 마음의 빗장을 닫으면 소비도 위축되어, 걱정스러운 디플레이션 국면으로 가라앉을 수도 있다.

나랏돈을 제대로 써서 경제를 살리는 방법

직장에 다니고 있어서 다행이긴 하지만, 매년 조금씩 나아지는 게 있어야 일하는 보람도 생긴다. 로렌도 그렇다. 사이먼처럼 멀리서 돈을 싸들고 찾아주는 사람이 더 많아지고, 미국 밖으로 떠났던 달러가 다시 돌아와 시장에 활력을 가져다주기를 바란다. 그래야 비록 싸구려 중국산 물건이라도 계속 살 수 있을 것이다.

　오늘날 미국 소비자들은 GDP의 60퍼센트를 차지하면서 성장에 힘을 보탠다. 상품을 생산하고 생산성을 향상시키는 게 공급 측면이라면, 소비는 이 반대편에서 균형추를 맞춰줄 수요를 창출해낸다. 특히 미국 소비자들의 왕성한 소비력은 이제껏 세계 경제의 큰 버팀목이 되어왔다. 이들의 지출을 모두 합하면 세계 경제의 무려 1/6을 차지한다. 하지만 미래가 걱정되면 더 이상 그렇게 왕성하게 소비할 수 없다. 직업, 집값, 정치 상황까지도 영향을 미친다. 돈이 흘러야 경제가 발전하고 그러려면 소비가 늘어야 한다. 소비를 왕성하게 만드는 방법이 또 하나 있다. 바로 세금을 덜 걷는 것이다.

　미국 국세청IRS은 사람들이 제일 두려워하는 기관이다. GDP

5달러 당 1달러가 연방정부의 주머니로 들어간다. 정부 세수는 기업의 영업이익, 상점에서 판매한 상품의 부가세, 소득세 등을 통해 걷는다. 그중 1/3은 소득세인데, 개인은 중앙정부에도 지방정부에도 각각 소득세를 낸다. 물론 모두가 월급쟁이처럼 유리지갑은 아니다. 탈세의 이유는 여러 가지다. 마약이나 매춘 등 불법적인 일로 얻은 수입일 수도 있다. 키프로스 시민권을 사는 러시아 부자들처럼 세금을 피하기 위해 자산을 도피시키기도 한다. 당연히 불법이다. 국제탐사보도언론인협회가 '파라다이스 페이퍼Paradise Papers' 문건을 통해 폭로한 것처럼, 트럼프 미 대통령, 엘리자베스 영국 여왕, 유명 가수 보노 등 수많은 부자들이 조세피난처를 통해 세금을 피해간다. 불법은 아니지만, 실패한 영화에 투자한 것처럼 꾸며 세금을 회피하거나 아마존이나 페이스북처럼 세율이 낮은 나라에 소득을 신고해 세금을 줄이는 일도 빈번하다. 이들은 우리 대신 미국에 막대한 세금을 내는 자사 임직원이 수없이 많지 않냐고 항변한다.

이런 종류의 세금 회피와 탈세는 정부가 거둬들이는 현금을 줄어들게 만든다. 정부는 민간이 지출할 수 없는 공공과 복지 영역에 돈을 지출한다. 공기 정화나 국토 방위 등 모든 국민에게 혜택이 돌아가는 공공재, 공원이나 도로 같은 준공공재도 정부 지출에 포함된다. 사회적 자원에 해당하는 교육과 의료에도 지출한다. 미국은 교육비도 비싸고 사적 의료보험 비중도 높지만, 그나마 국가가 담당하는 영역이 없어진다면 약자들은 더 힘들 것이다. 실직자나 질병을 앓는 사람들이나 노인들을 위한 안전망에도 세금은 쓰인다.

정부가 얼마만큼의 세금을 거둬 어디에 쓸지는 국가 정책의 방향에 따라 달라진다. 미국의 경우 GDP의 약 25퍼센트 이상을 세금으로 납부하지만, 유럽은 세율이 평균 34퍼센트 가량 된다. 상대적으로 세율이 낮은 미국은 유럽의 사회민주주의 경제에 비해 좀 더 자유시장 경제에 가깝다. 1980년대 정부의 개입을 더 줄여야 한다고 주장한 자유주의 경제학자로 레이건 행정부가 아끼던 아서 래퍼Arthur Laffer는 이른바 래퍼 곡선Laffer Curve을 주창했다. 종 모양이 이 곡선에 의하면 높은 세율은 국민들의 근로 의욕을 상실시키고 해외 이탈을 부추긴다. 그런데 과연 그의 말이 맞았을까? 레이건 정부는 소득 상위집단의 세율을 종전 70퍼센트에서 28퍼센트로 인하했다. 임기 초였던 1980년 5,170억 달러이던 소득세 수입은 1988년 9,090억 달러로 늘었다. 동기간 소득 증가율보다 더 많다. 세율은 낮췄지만 탈세는 철저히 단속했다. 래퍼 곡선이 옳았던 때문인지, 대대적인 단속 때문인지 정확히는 알 수 없다. 세수도 늘었지만 지출도 늘어서, 정부 부채는 3배로 늘었다. 냉전의 틈바구니에서 스타워즈 방어 시스템 같은 데 펑펑 돈을 써댔다. 외국에서 돈을 빌려다 쓰는 미국의 정체성이 이때 확고해졌다. 물론 래퍼 곡선의 신빙성에 관해선 여전히 논쟁거리다.

지금은 한물 간 주장으로 보이지만, 정부가 많은 세금을 부과

해 경제에 더 과감히 개입하는 케인즈J. M. Keynes 식 재정정책
fiscal policy의 유용성을 여전히 설파하는 이들도 많다. 성장률
을 높이는 데는 그런 방법이 효과적이라는 것이다.

시들어가는 경제에 시동을 걸고 싶은가? 그렇다면 정부가 돈
을 더 많이 풀어야 한다. 그렇게 하면 시중에 돈이 많이 돌게 된
다. 사회간접자본 등 대형 프로젝트로 일자리를 늘리고 사람들
에게 돈을 지급하라. 사람들이 그 돈을 쓰고 돈이 돌기 시작하면,
생산성 향상에 도움이 된다. 사람들이 좀 더 돈을 쓸 수 있게 세
금을 줄여주는 방법도 있다.

뜨겁게 달아오른 경기를 식히고 싶은가? 그렇다면 정부 지출
을 줄여서 시중에 풀린 돈을 거둬들여야 한다. 부가세 같은 세금
을 올려 소비를 위축시키는 방법도 있다.

재정정책은 1950년대와 1960년대에 대단히 유행했다. 이 방
법에 대한 신뢰는 1970년대 오일쇼크로 무너졌는데, 예측할 수
없는 엉뚱한 결과를 낳을 수 있기 때문이었다. 세금과 정부 지출
을 통한 정책은 효과가 나오기까지 시간도 많이 걸릴뿐더러 그
양을 얼마나 조절해야 할지도 불명확하다. 비용도 많이 들기 때
문에 재정적자를 감수해야 한다. 들인 돈만큼 경기가 부양되기
만 한다면 문제가 없겠지만.

오일쇼크 국면에서는 물가가 오르는 동시에 경기가 하강하는
기이한 현상도 생겨났다. 스태그플레이션stagflation이라는 새로
운 용어가 이로 인해 탄생했다. 성장은 정체되는데 인플레이션

이 심해진다는 의미다. 이런 상황이 되면 재정정책을 운용하는 이들 입장에서는 어찌해야 할 바를 모르게 된다. 세금과 정부 지출이라는 도구로는 두 문제를 동시에 잡을 수 없다.

더군다나 21세기에 들어오면서 이른바 '재정 미세 조정fiscal fine-tuning'으로는 더 이상 재미를 보기가 힘들어졌다. 2008년 금융 위기 같은 상황에서 정부는 지출을 늘려 불안한 가계 경제에 활력을 불어넣어야 마땅하다. 케인즈주의자들은 소비가 늘면 성장과 소득 증대를 촉진해서 결국 다시 세수도 늘어난다고 주장했다. 지출을 늘려 생겨난 적자를 벌충할 수 있다고 말이다. 하지만 긴급 구제금융으로 막대한 액수를 탕진한 각국 정부는 전혀 다른 방법으로 그걸 메워야 했다. 바로 정부 살림이라는 허리띠를 졸라맨 것이다. 공무원 임금 동결이나 공공 서비스 예산 삭감 등이 이어졌다.

채권을 가진 빚쟁이들에게 정부가 노력하고 있다는 걸 보여주기 위해서다. 거액의 이자를 물어가며 빚을 늘리다보면 결국 미래 세대에게 짐을 지우는 셈이 된다. 빈발하는 경제 위기, 정부 재정관리 실패, 노령화 추세 등 전 세계 정부들은 부채를 해결해야 할 만성적 과제라고 느낀다.

그렇다면 금융 위기 이후 죄 없이 대가를 치르는 국민들을 위해 정부는 무엇을 해야 할까? 탐욕스러운 금융 시스템의 일탈로 인해 생겨난 어려움에도 정부는 더 빚을 내서 도와줄 수 없다면, 앞으론 어떻게 해야 하느냐 말이다.

아주 간단한 방법이 있다. 사람들에게 더 많은 돈을 주는 것이다.

빌리고 쓰기 쉬워진 세상에서 온전히 살아가기

재정정책 말고 정부가 국민들 주머니에 돈을 넣어줄 수 있는 다른 방법이 있다. 1970년대부터 시작된 '금융정책monetary policy'은 국민들의 소비를 진작하고 경제 전반을 원활하게 하는 핵심적인 정책 도구로 부상했다. 이름에서 알 수 있듯이, 돈의 액수와 가격을 조절하는 정책이다. 돈의 가격이란 돈을 빌리는 데 드는 비용이다. 다시 말하면 금리다.

중앙은행이 일반 은행에 돈을 빌려줄 때 혹은 은행끼리 돈을 빌릴 때 적용하는 금리가 '기준금리'다. 기준금리는 정부나 중앙은행이 정한다. 이걸 기준으로 기업이나 가정의 대출금 이자가 정해진다. 대출 금리나 저축 금리를 조종하는 것은 강력한 정책 도구다.

대개 사람들이 가장 빚을 많이 지는 이유는 집을 사기 위해서다. 주택 담보대출 상환에 얼마나 많은 돈이 들어가느냐에 따라 나머지 지출이 정해진다. 대출 이자율이 중요하다. 저축 역시 마찬가지다. 저축해도 이자가 거의 없다면 사람들은 그냥 돈을 써버리는 쪽을 택할 것이다.

경기가 위축되면 당국은 금리를 인하한다. 그렇게 하면 담보 대출 금리도 내려가서 여유 자금이 늘어난다. 심지어 돈을 더 빌려도 되겠다는 생각마저 든다. 소비는 증가한다. 기업 역시 돈을 은행에 넣어둬 봐야 별로 도움이 안 되니까 투자를 더 많이 하게 된다. 정부 역시 채권 발행에 따른 이자 비용이 줄어서 세수를 조금 줄여도 살림을 해나갈 수 있다.

경기를 냉각시키고 싶으면 반대로 하면 된다. 사람들이 돈을 많이 쓰면 물가 상승과 인플레이션이 유발된다. 그럴 때 금리를 올리면 대출 비용이 늘어서 가진 돈이 줄어든다. 이자가 비싸니까 대출을 줄이고 저축도 늘어 소비는 줄어든다.

금융정책은 대개 수요 쪽을 손 봐서 인플레이션을 조절한다. 공급 쪽을 조절하려면 기업 차원에서 생산성 향상을 꾀해야 한다. 정부는 돈을 지출해 인프라를 구축해주는 식으로 개입할 수 있다. 유가나 환율 같은 요소는 사실 정책으로 어찌해보기가 힘들다. 세계적 흐름에 따른 것이고 매우 변덕스럽기까지 하다. 그래서 골칫거리다. 중국에서 들어오는 값싼 수입품 등은 금융정책 없이도 가격을 안정시키는 데 도움이 된다.

생산성을 높이는 게 쉽지 않은 것처럼 금융정책을 잘 활용하는 것도 쉽지 않다. 금리를 언제 얼마나 조정해야 하는지 파악하는 것은 까다로운 작업이다. 결과적으로 어떤 영향이 있을지 가늠하기 힘들고, 효과가 나기까지 시간이 얼마나 걸릴지도 모른다. 위험이 가득한데 결과는 예측할 수 없다. 물론 제대로만 한다면 경제에 새로운 생명력을 불어넣는다. 하지만 오판하면 심각한 피해가 생긴다. 21세기 대다수 국가의 보편적 정책이기 때문에, 금융 위기 때 각국 중앙은행들도 이 조치를 했다. 수십 년간 해왔듯이 습관적으로 레버를 당긴 것이다.

2008년 초 미국 연준은 기준금리를 거의 0으로 내렸다. 다른 나라들도 마찬가지였다. 이건 전 세계 금융 시스템이 엄청난 타격을 받았다는 증거다. 하지만 그것만으로도 충분하지 않았다. 그럼 아예 사람들한테 돈을 나눠주는 건 어떨까? 영국은행과 미국 연준이 화폐를 찍어내긴 하지만, 막무가내로 찍어서 길거리에서 나눠줄 순 없는 노릇이다. 하지만 이들은 실제 그런 유사한 행동을 했다.

돈을 찍어내거나 신용을 일으켜 시중에 돈을 푸는 것을 가리켜 양적 완화quantitative easing, QE라고 한다. 2008년의 금융 위기 이후 처음 시도할 때조차 이 방법은 너무도 파격적인 것이었다. 효과가 있을지, 효과가 난다면 시간이 얼마나 걸릴지 아무도 몰랐다. 돈을 많이 투입하는 건 위험하다. 재화나 용역이 충분하지 않을 경우 물가만 올려놓는다. 하지만 이들은 너무도 절박했다.

2008년부터 2016년 사이 미국 정부는 3조 7천억 달러(4,400조 원)를 풀었다. 영국은행은 4천억 파운드를 넘게 풀었는데, 달러로 환산하면 6천억 달러(714조 원) 정도 된다. 직접적인 방법도 썼다. 세금 감면과 소비 진작 지원금으로도 수십억 달러를 투입했다. 케인즈의 재정정책과 같은 방식이다. 하지만 효과는 오래가지 않았다.

뾰족한 수가 없었다. 어둠 속을 짚어가며 천천히 나아갈 수밖에. 다행히 미국 경제는 서서히 회복되었다. 이전에 비해 임금이 낮고 안전성이 떨어지기는 해도 일자리도 많이 생겨났다. 하지만 영국은 그렇지 못했다. 역사상 가장 급격한 침체, 역사상 가장 느린 회복을 보였다.

역시 돈을 쓰는 게 정답이었을까? 실제로 그 수혜를 입은 쪽은 누구였을까? 폴라 밀러일까 은행일까? 역사에는 가정이 성립하지 않는다지만, 영국은행의 경우 2천억 파운드(312조 원)를 투입해서 지출을 2퍼센트 정도 증가시켰다고 추정한다. 환산하자면 300억 파운드(47조 원) 정도의 경제 부양 효과를 본 셈이다.

추가로 투입한 1,700억 파운드(265조 원)는 어디로 갔을까? 다음 아닌 연기금, 투자자, 은행들로 들어갔다. 금융 시스템에 스며들어 주식과 채권 수요를 부채질하고 가격을 올려서, 금융 기관과 구성원들에게 더 많은 이익과 수수료를 돌려줬다. 금융 위기를 초래한 주범들에게 돌아간 셈이다.

영국은행은 양적 완화를 통해 주식과 채권 시장 규모가 26퍼센트 늘었다고 추산한다. 주식시장이 활황이면 경제에 디딤돌이 되어주고 소비도 진작시킨다. 하지만 국민들 중에서 주식을 다량 보유한 사람이 얼마나 되겠는가. 대개 부유한 상위 5퍼센트 차지다. 신경제재단New Economics Foundation이 추산한 바에 따르면, 상위 10퍼센트가 평균 12만 7천(2억 원)~32만 2천 파운드(5억 3천만 원)의 이익을 보았다. 저리로 풀린 이 돈이 주식시장이나 주택 시장으로 들어가 거품을 키웠을지도 모른다.

미국 내 여러 지역, 특히 도시의 부동산 가치는 위기 이전 수준으로 회복되었다. 영국의 경우 2007년에 비해 오히려 20퍼센트 정도 올랐다. 연 평균 수입의 6배 정도 된다. 40년 전에는 자기 연봉의 3배 정도면 집을 살 수 있었다. 미국이나 다른 나라에서도 비슷한 패턴이 나타난다. 현재 35세인 영국인은 그들의 조부모가 같은 나이였을 때보다 집을 소유할 가능성이 낮다. 게다가 집을 사려면 훨씬 많은 빚을 져야 한다. 일찌감치 부동산을 사놓은 사람은 부가 점점 늘었다. 세대 간, 빈부 간 불평등이 더 심해진다는 의미다.

양적 완화의 혜택은 전 국민에게 골고루 돌아가지 않았다. 저리 자금이라고는 해도 다른 말로 하면 신용 대출이다. 대출이 많은 사람들을 구제하겠다고 더 많은 빚을 안긴 셈이다. 치료제가 증상을 치료한 게 아니라 중독을 만들어냈다.

금융 위기 후 10년이 지났는데도 상처는 곳곳에 여전히 선명하다. 가계 부채가 사상 최고를 연일 경신한다. 신용카드부터 자동차 대출까지 무담보 신용 대출이 미국 전역에서 붐이다. 금융 위기도 꺾지 못한 욕구다. 치료제로 뿌린 저금리가 욕망을 더 부추겼다. 사람들은 점점 더 돈에 목말라한다.

로렌 밀러는 다른 사람들이 카트에 담은 물건들을 힐끗 엿본다. 계산대에 줄을 서서 기다리는 동안, '저 사람은 저 물건을 왜 샀을까?' 상상하며 지루함을 달랜다. 경제학자들 역시 소비자들의 습관을 호기심 어린 눈으로 관찰한다. 그들이 어디에 얼마를 쓰는지는 매우 중요한 의미를 가진다. 그들 손에 쥔 달러가 어디로 흘러 들어가느냐에 따라 세계 경제의 운명이 좌우된다.

다시 로렌의 손으로 돌아온 1달러. 오늘도 그녀는 그걸로 뭘 살까 고심한다. 세계 경제의 1/6을 차지하는 이들의 선택에 누군가는 웃고 누군가는 울게 될지 모른다.

THE
ALMIGHTY
DOLLAR

당신이 앞으로
관심을 기울여야 할 것들

경제는 중요한 학문이다. 당신의 삶에서는 학문이 아닌 실전 가이드로 작용한다. 책을 따라, 1달러의 여행을 따라, 세계를 두루 여행하면서 느꼈겠지만 막상 재미를 붙이면 그리 고리타분한 과목도 아니다. 마치 자전거 타기와 같아서, 한 번 익혀두면 여간해서 실력이 녹슬지 않는다. 언제라도 다시 떠올리고 어제 탔던 것처럼 잘 탈 수 있다.

그러기 위해 당신이 앞으로 관심을 기울여야 할 것들이 있다. 달러의 흐름에 둔감해지지 않고 세계의 맥락과도 템포를 잘 맞추는 일이다. 경제 기사를 비판적인 관점에서 읽고 진짜 그 세계에서 벌어지는 일들을 현장의 감각으로 상상한다. 붕괴니 폭락이니 하는 자극적인 기사 제목에 속아 넘어가지 말고, 현재 벌어지는 경제 현상이 내 삶에 어떤 영향을 미칠지 잘 숙고한다.

삶의 질에 영향을 미칠 만한 경제 정책을 살펴보고, 내 삶에 도움이 될 만한 정책을 갖고 있는 정치인에게 투표한다. 국민 호주머니에 돈을 넣어주고 돈의 흐름을 원활하게 하고 불필요한 규제나 관문을 없애서 미래 경제의 숨통을 틔워줄 만한 조치를 요구하고 촉진시킨다. 금리나 환율, 실업률이나 성장률 같은 이전에는 흘려 넘겼던 숫자들에 더 민감해진다.

여행은 아는 만큼 보인다고 한다. 미리 공부를 열심히 해서 떠난 여행은 더 많은 자극과 감흥을 안겨준다. 인생도 마찬가지다. 언제라도 1달러와 떠났던 경제 여행을 떠올리고 삶에 도움이 되는 의사결정을 하길 바란다. 건투를 빈다!

모든 책이 다 그렇듯이 이 책도 집단적 노력의 산물이므로, 그동안 시간과 사상을 나눠주고 격려를 아끼지 않은 모든 분들에게 깊은 감사를 전한다.

이 책을 위해 깊이 있는 생각과 통찰을 제공해준 수많은 경제학자, 언론인, 공직자들에게 신세를 졌다. 경제학자 두 명을 한 방에 같이 두면 3개의 아이디어가 나온다고들 말한다. 이 책 역시 그런 아이디어의 원동력이 되기를 바란다. 경제학의 길로 나를 인도한 아버지 폴 데이비드Paul David 박사, 남편 안토니Antony, 글 쓰느라고 바빠 돌봐주지도 못했는데 불평 하나 없이 오히려 나를 도와준 딸들에게 고마움과 미안함을 전한다. 새벽 4시에 일어나 오만 가지 일을 척척 해내면서도 늘 행복하다는 말을 잊지 않는 엄마 아미Ami 여사에게 감사드린다.

※ 한국어판이 없는 경우는 원서명만 표기

금융 위기는 금융 시스템의 작동 방식뿐 아니라 그걸 운영하는 데 필요한 투명성까지도 바꾸어놓았다. 중앙은행 웹사이트에 들어가면 다양한 수치 등의 정보를 쉽게 얻을 수 있다.
영국은행 **www.bankofengland.co.uk**
한국은행 **www.bok.or.kr**

세계경제포럼은 주제별 논문과 오늘날 경제 현황을 가늠할 수 있는 다양한 자료를 갖추고 있다.
세계경제포럼 **www.weforum.org**

■ 경제 일반에 대한 폭넓은 관점을 제시하는 책
《장하준의 경제학 강의Economics: The User's Guide》
장하준 | 부키(2016) | Pelican(2014)

■ 미국이 어떻게 세계 최강의 힘을 갖게 되었는지 알려주는 책
《미국의 성장은 끝났는가The Rise and Fall of American Growth》
로버트 J. 고든Robert J. Gordon | 생각의힘(2017) | Princeton University Press(2017)

■ 금융 위기를 초래한 세력들과 금융 상품에 대한 책
《라이어스 포커Liar's Poker》
마이클 루이스Michael Lewis | 위즈덤하우스(2006) | Hodder & Stoughton(2006)

《빅숏The Big Short》
마이클 루이스Michael Lewis | 비즈니스맵(2010) | Penguin(2010)

■ 중국의 부상을 다룬 책

《Factory Girls: Voices from the Heart of Modern China》
Leslie T. Chang | Picador(2010)
《Avoiding the Fall: China's Economic Restructuring》
Michael Pettis | Brookings Institution Press(2013)

■ 금융 위기 원인과 교훈에 관한 책

《Other People's Money: The Real Business of Finance》
John Kay | PublicAffairs(2016)
《Between Debt and the Devil: Money, Credit and Fixing Global Finance》
Adair Turner | Princeton University Press(2017)
《How Do We Fix This Mess? The Economic Price of Having It All, and
the Route to Lasting Prosperity》
Robert Peston | Hodder & Stoughton(2013)

■ 자유시장 경제와 불평등에 관한 책

《경제 규칙 다시 쓰기Rewriting the Rules of the American Economy》
조지프 스티글리츠Joseph Stiglitz | 열린책들(2018) | W. W. Norton &
Company(2015)
《쇼크 독트린The Shock Doctrine》
나오미 클라인Naomi Klein | 살림비즈(2008) | Penguin(2008)

■ 우리의 의사결정에 영향을 미치는 거짓말들에 관한 책

《넛지Nudge》
리처드 H. 탈러Richard H. Thaler, 캐스 R. 선스타인Cass R. Sunstein | 리더스북(2018) |
Penguin(2009)

■ 영국과 EU의 미래를 다룬 책

《Making a Success of Brexit and Reforming the EU: The Brexit Edition
of The Trouble with Europe》
Roger Bootle | Nicholas Brealey Publishing(2017)

ABCD 식품 대기업 107

ADM, 번지Bunge, 카길Cargill, 드레퓌스Dreyfus의 앞 글자를 딴 것이다. 대단위 저장 시설과 운송설비를 갖추고 정교한 네트워크를 보유하여 식량 생산이 이루어지는 현지 관리부터 가공과 유통에 이르기까지 모든 영역을 독점한다.

경제협력개발기구Organization for Economic Cooperation and Development, OECD 106, 191

1961년 창설된 경제 협력을 위한 기구로 경제 성장, 개발도상국 원조, 무역 확대 등의 목적으로 창설되었다. 농업, 과학 연구, 자본시장, 세금, 에너지 문제, 대기오염, 교육 등 당면한 과제를 두고 토의하여 공동 결의문을 채택하기도 한다. 2015년 현재 34개국이 회원국으로 가입해 있다.

국내총생산Gross Domestic Product, GDP 73, 111, 144, 192, 235, 247, 259

일정한 기간 동안 한 국가 내에서 생산된 재화와 서비스의 시장가치 총액. 한 국가의 경제력이나 국민의 생활수준을 측정하는 대표적인 경제 지표로 꼽힌다.

국제통화기금International Monetary Fund, IMF 40, 69, 76, 166, 197

국제 통화와 금융 질서 확립, 세계 무역 확대와 가맹국의 소득 증대 등을 위해 1947년 발족된 금융기구. 2차 세계대전 이후 세계 경제의 혼란을 극복하기 위한 취지로 설립되었다. 1987년 이래 151개국이 가맹되어 축적된 기금으로 경제 위기 탈출을 위한 단기 외화자금 등을 제공한다.

기업공개Initial Public Offering, IPO 221

주식회사가 이미 발행한 혹은 새로이 발행할 주식을 증권시장에 내놓고 다수의 불특정 투자자에게 공개적으로 판매하는 행위를 가리킨다. 이렇게 공개하지 않은 기업은 비공개기업 혹은 비상장기업이라고 불린다.

긱 이코노미gig economy 256

필요에 따라 계약직, 임시직, 프리랜서 등을 섭외해 일을 맡기는 경제 형태. 노동자는 고용주에게 얽매이지 않고 독립적으로 혼자 일한다는 장점이 있고, 정규직을 꺼리는 기업 입장에서는 고용의 탄력성을 유지하는 방편으로 사용된다.

대공황Great depression 39, 139

1929년 10월 24일 미국 뉴욕 증권거래소의 주가 폭락과 함께 시작된 역사상 유례없는 최악의 경제 위기. 파산, 대량 해고, 소비 위축, 공장 폐쇄 등으로 유럽으로까지 불황이 확대되었다.

덤핑dumping 36

가격 차별의 일종. 시장 확보를 위해 출혈을 무릅쓰면서 낮은 가격으로 판매해서 독점적 판매를 가능하게 하는 행위. 국제적 무역 협의기구를 통해 규제하고 있다.

데이비드 리카도David Ricardo (1772-1823) 29

영국의 경제학자. 애덤 스미스의 국부론에 감화 받아 노동가치설, 차액지대론, 비교우위론 등 근대적 경제 이념들을 발전시켰다.

러스트 벨트Rust Belt 27, 34

미국 중서부와 북동부의 쇠락한 제조업 지대를 가리키는 말로, 녹슨 지역 즉 사양화된 공업 지역을 의미한다. 그 자체로 미국 제조업의 몰락을 상징하기도 한다.

마셜플랜Marshall Plan 186

2차 세계대전 이후 피폐해진 유럽의 경제 자립을 위해 미국이 시행한 재정 지원. 궁극적으로 미국의 수출 시장을 확대시키고 유럽에 대한 미국의 영향력을 증대시킨 효과를 가져왔다. 미셜플랜은 트루먼 대통령의 트레이드마크와도 같은 재정정책으로, 이후 저개발국에 대한 원조를 통칭하는 명칭으로 사용된다.

미국 재무부 채권 Directly issued Securities by the United States government **67, 72**

통칭 미국 국채라고 불리는 채권의 정식 명칭. 미국 국민들의 세금을 담보로 하기 때문에 리스크가 적은 자산의 표본으로 꼽힌다. 재무부 외의 주체가 발행하는 채권은 미국 공채라고 불린다.

바르샤바 조약기구 Warsaw Pact **152**

1955년 5월 구 소련과 위성국가들이었던 불가리아, 체코슬로바키아, 동독, 헝가리, 루마니아, 폴란드 사이에서 체결된 상호 방위 조약. 1980년대말 소련의 해체로 조약은 유명무실해졌다.

북대서양조약기구North Atlantic Treaty Organization, NATO **153**

1949년 유럽 내 반공산주의 국가 간의 집단 방위 조약. 2차 세계대전 이후 황폐화된 서유럽이 공산화되는 것을 막기 위해 미국의 조력을 비롯하여 유럽의 전 방위적인 협력을 끌어내기 위해 결성되었다.

브레턴우즈 체제 Bretton Woods system **68,139, 164, 172**

1944년 설립된 국제적 통상 금융 제도. 이 회의에서 세계은행과 국제통화기금, 관세와 무역을 위한 일반 협정 등이 탄생하고 체결되었다. 냉전 기간 미국은 이 체제 하에 전후 유럽이나 아시아에 대한 적극적인 원조 등 세계 경제의 주도적인 역할을 자임해왔다.

브렉시트Brexit **239**

영국을 뜻하는 Britain의 Br과 이탈을 뜻하는 Exit의 합성어로 EU에서 탈퇴하고자 하는 영국의 의사를 뜻한다. 1975년 이래, 영국은 줄곧 자국의 우월함을 주장하며 EU로부터 탈퇴해 과거의 영광을 되찾아야 한다는 흐름이 존재해왔다.

브릭BRIC **173**

2000년대를 전후해 빠른 경제 성장을 이룩한 브라질Brazil, 러시아Russia, 인도India, 중국China 등 신흥 경제 4국을 일컫는다. 이들은 공통의 경제적 이익을 위해 협력하기로 하고 다각적인 모색을 했지만, 2000년대 중반 이후로 중국을 제외한 나머지 국가들의 발전 속도가 정체되면서 잠정적인 소강상태에 머물러 있다.

서브프라임 모기지sub-prime mortgage **133**

미국에서 신용 등급이 낮은 저소득층 대상으로 주택마련 자금을 빌려주는 비우량 주택담보대출 상품. 이것과 연계된 파생상품의 연쇄 효과로 2008년 금융 위기가 촉발되었다.

석유수출국기구Organization of the Petroleum Exporting Countries, OPEC **138, 144**

1960년 9월 사우디아라비아, 이라크, 쿠웨이트, 이란, 베네수엘라 등 5개 산유국이 결성한 협력 기관. 오스트리아 빈에 사무국을 두고 있으며, 회원들 간의 석유 정책을 조정해 공동의 이익을 확보하는 데 목적을 둔다. 2019년 1월 현재 아랍에미리트, 이라크, 이란, 쿠웨이트, 사우디, 알제리, 나이지리아, 에콰도르, 가봉 등 14개국이 가입 중이며 카타르는 2019년 1월에 탈퇴했다.

선물 거래futures trading **136, 229**

장래 일정 시점에 미리 정한 가격으로 매매할 것을 미리 약정하는 거래. 말하자면 미래의 가치를 사고 파는 거래를 말한다. 위험 회피 목적으로 출발했지만 고도의 첨단 금융 기법을 이용해 리스크를 능동적으로 받아들임으로써 고수익 · 고위험 투자상품으로 발전했다.

세계경제포럼Davos Forum(다보스포럼) **116**

세계의 저명한 기업인, 경제학자, 언론인, 정치인 등이 모여 전 세계 경제 문제에 대해 토론하고 국제적 실천 과제를 모색하는 국제 민간회의. 스위스 다보스에서 열린다.

세계무역기구World Trade Organization, WTO **41, 191, 240**

GATT를 대신해 국가 간 무역 장벽을 제거하고 자유무역을 확대하기 위해 1995년 설립된 국제기구. 불공정 무역 행위를 규제하고 무역 마찰을 조정하는 등 강력력을 지닌 기관이다.

세계은행World Bank **40, 91, 119, 172**

개발도상국에 원조와 대출을 제공하는 국제 금융기관. 브레턴우즈 협정에 기초해서 1946년에 발족했다. 국제부흥개발은행IBRD과 국제개발협회IDA를 묶어 이렇게 부른다.

스태그플레이션stagflation **264**

불황 속에서도 물가상승이 동시에 일어나는 상태. 경기 침체를 뜻하는 스태그네이션 stagnation과 인플레이션inflation을 합성한 단어다.

신경제재단New Economics Foundation **269**

영국 런던에 있는 경제 싱크탱크. 사회, 경제, 환경 정의를 표방하며 평등하고 다양성을 인정하는 안정된 경제를 위한 새로운 부의 창출 모델을 연구하기 위해 설립되었다.

아서 래퍼 Arthur B. Laffer (1940-) **263**

미국의 대표적인 자유주의 경제학자. 닉슨 대통령 재직 시 백악관 수석경제학자로 일하면서 세율과 세수의 관계를 설명하는 래퍼 곡선을 창안했다. 세율이 일정 수준을 넘어서면 세수가 오히려 감소한다는 역유(∩)자 형 그래프를 말한다. 레이건 행정부를 거쳐 트럼프 대선캠프에서도 경제 고문으로 활동했다.

애덤 스미스 Adam Smith (1723-1790) **28**

스코틀랜드 태생의 경제학자. 산업혁명의 태동을 감지하고 자본주의 사회의 현상을 포괄적으로 기술했다. 대표작으로《국부론The Wealth of Nations》이 있다.

앨런 그린스펀 Alan Greenspan (1926-) **231**

미국 경제학자이자 경제 관료. 1987년부터 2006년까지 미국 연방준비제도 이사회 의장을 맡으면서, 미국 경제 정책을 좌우해온 인물로 꼽힌다. 흔히 미국 경제의 총지휘자라는 의미에서 마에스트로라고 불린다.

엥겔지수Engel's Coefficient **105**

생계비 가운데 식료품 비용이 차지하는 비율. 독일 통계학자 엥겔이 가계 조사 자료를 연구하던 끝에 소득이 증가함에 따라 총지출에서 식료품이 차지하는 비율이 감소하는 현상을 발견해, 엥겔지수가 높을수록 빈곤하다는 상관관계를 발견했다.

연준Federal Reserve Board(연방준비제도이사회) **231, 257, 268**

1913년 창설된 결정기구로 미국 내의 통화정책을 관장한다. 중앙은행이 없는 미국의 경우 연준에서 기준금리 결정을 비롯해 재무부 채권의 매입과 발행, 지급준비율 결정 등의 의사결정을 내린다.

외국인 직접투자 Foreign Direct Investment, FDI **85, 94, 184**

외국인이 다른 국가 혹은 기업의 경영 활동에 참여하는 행위. 법인이나 기업의 주식과 지분 소유, 자본 출자 등을 통한 투자 등 직간접적으로 경영 활동에 개입하기 위해 자금을 투입하는 행위를 가리킨다.

외환보유액foreign reserve **57, 93, 163, 167, 172**

정부가 갖고 있는 금, 달러, 엔, 유로 등의 외환과 채권 합계를 의미한다. 국제수지에서 발생한 적자와 채무 등을 보전하기 위해 사용할 수 있는 금액으로, 부족할 때에는 채무불이행(모라토리엄) 즉 국가 파산이 선언되기도 한다.

월터 로스토 Walter Whitman Rostow (1916-2003) **112, 185**

미국의 경제학자. 전통적 사회에서 고도의 대량소비 단계에 도달한 사회 등 사회발전의 단계를 5단계로 구분하여 저개발 국가라도 짧은 기간에 선진국으로 도약할 수 있는 도약 이론을 제시했다.

인플레이션inflation **32, 59, 162, 193, 249, 257, 264**

화폐의 가치가 하락해서 물가가 지속적으로 올라가는 현상. 수요가 지나치게 늘어나서 발생하기도 하고 생산에 따른 비용이 높아져서 산출물이 적어지는 공급 부족에 의해서 발생하기도 한다.

일대일로one belt one road. 一帶一路 **78**

중국의 실크로드 경제벨트, 21세기 해상 실크로드 계획을 가리킨다. 중국판 마셜플랜이라는 평가를 받는다. 육로와 해상을 이어 중국을 중심으로 동남아시아-서남아시아-유럽-아프리카로 이어지는 무역과 경제 소통의 장을 형성함으로써 자국의 위상을 높이고자 하는 계획이다.

존 메이너드 케인즈 John Maynard Keynes (1883-1946) **264**

케인즈 학파를 탄생시킨 영국의 경제학자. 정부가 민간 경제에 적극 개입해서 정부 지출을 늘림으로써 새로운 수요를 창출하여 경기를 활성화시키는 적극적 재정정책을 주창했다. 이러한 정부의 적극적인 개입 정책을 지지하는 학파를 일컬어 케인즈주의자 Keynesian라고 부른다.

캐리 트레이드carry trade **227**

금리가 낮은 지역에서 조달한 자금을 활용해서 금리가 높은 다른 지역의 유가증권이나 금융 상품에 투자하는 거래를 말한다. 즉 이자 차이를 이용해 수익을 얻는 거래 기법이다.

통화 스와프currency swap **97,173**

국가 간 외환 거래의 한 방법으로 각자 통화의 안정성을 도모하기 위해 상대방의 통화와 약정된 환율로 거래하는 것을 말한다. 양국 중앙은행이 계약하며 시세 변동에 따른 위험성을 줄일 수 있다는 장점이 있다.

패스포팅passporting **210, 239**

유럽연합EU 권역 내에 있는 금융기관이 EU 국가 중 한 곳에서만 설립 인가를 받으면 별도 인가 없이도 나른 모든 회원국에서 영업할 수 있게 하는 제도. 영국이 가장 큰 수혜를 입어왔으며 EU 탈퇴 이후에는 이 권한을 잃게 될 가능성이 크다.

프로젝트 파이낸싱 project financing 67

은행이나 금융기관, 투자자 등이 보증 없이 프로젝트의 사업성을 판단해 자금을 지원하는 금융 기법을 말한다. 프로젝트 자체를 담보로 장기에 걸쳐 대출하고 해당 프로젝트가 완료되었을 때 수익에 따라 대출금과 수익금을 상환 받는다. 석유, 탄광, 조선, 발전소, 고속도로 건설 등 다양한 사업의 투자 유치에 흔히 사용된다.

하이퍼인플레이션 hyper inflation 251

초인플레이션이라고도 하는데, 통제할 수 있는 범위를 넘어서 연간 수백 퍼센트 이상 물가가 급격히 상승하는 경우를 지칭한다.

호출형 근로 계약 zero-hours contract 256

정식 계약 없이 고용주의 필요에 따라 일하고 일한 만큼만 시급을 받는 형태의 변칙 근로. 주로 영국에서 성행 중이며 유급휴가나 병가 등의 기본 혜택을 누릴 수 없어 가장 열악한 고용 형태라는 비난을 받으며 불법 여부가 도마 위에 오른 상태다.

환태평양 경제동반자협정 Trans-Pacific Strategic Economic Partnership, TPP 47

미국, 일본, 캐나다, 호주 등 태평양과 인접한 12개국이 참여한 광역 단위의 자유무역협정으로 2015년 타결됐으나, 트럼프 미국 대통령의 탈퇴 선언으로 좌초 위기에 있다.

헤지펀드 hedge fund 229

파생상품을 이용해 새로운 금융 상품을 개발해서 높은 수익을 추구하는 것을 목적으로 만들어진 투자신탁 기금. 100명 미만의 개인 투자자들로부터 자금을 모아서 일종의 파트너십을 결성하여 운용한다.

옮긴이 박선령

세종대학교 영어영문학과를 졸업하고 MBC방송문화원 영상번역과정을 수료하였다. 현재 번역 에이전시 엔터스코리아에서 출판기획 및 전문 번역가로 활동하고 있다.
주요 번역 도서로는 《비즈니스 씽커스》《똑똑한 심리학》《파인딩 키퍼》《타이탄의 도구들》《고성장 기업의 7가지 비밀》등 다수가 있다.

1달러의 세계 경제 여행

초판 1쇄 발행 2020년 1월 23일
초판 6쇄 발행 2024년 6월 24일

지은이 다르시니 데이비드
펴낸이 정덕식, 김재현
펴낸곳 (주)센시오

출판등록 2009년 10월 14일 제300-2009-126호
주소 서울특별시 마포구 성암로 189, 17층 1707-1호
전화 02-734-0981
팩스 02-333-0081
전자우편 sensio@sensiobook.com

디자인 섬세한 곰 www.bookdesign.xyz

ISBN 979-11-90356-23-7 03320

소중한 원고를 기다립니다. sensio@sensiobook.com